Christine Hubka

Neue 20-Minuten-Gottesdienste mit Kindergartenkindern

Vandenhoeck & Ruprecht

Die Psalmverse sind zitiert nach der Lutherbibel, durchgesehene Ausgabe in Neuer Rechtschreibung, © 1999 Deutsche Bibelgesellschaft, Stuttgart.

Umschlagabbildung: Wasserspiele, © Klaus Eppele, www.fotolia.com

Bibliografische Information der Deutschen Nationalbibliothek

Die Deutsche Nationalbibliothek verzeichnet diese Publikation in der Deutschen Nationalbibliografie; detaillierte bibliografische Daten sind im Internet über http://dnb.d-nb.de abrufbar.

ISBN 978-3-525-58036-3
ISBN 978-3-647-58036-4 (E-Book)

Satz: textformart, Göttingen
Druck und Bindung: ⊕ Hubert & Co, Göttingen

Gedruckt auf alterungsbeständigem Papier.

Inhalt

Vorwort: Kirche mit Kindergartenkindern

Wer Gottesdienst mit Kindern feiert, kann in jedem Augenblick erkennen, ob die Gemeinde noch bei der Sache ist. Während erwachsene Gottesdienstbesucherlnnen dezent im Gesangbuch blättern oder mit dem Nebenmenschen flüstern, zeigen Kinder ganz offen, wenn ihnen langweilig wird. Sie lassen sich aber auch ganz direkt und unmittelbar auf das gottesdienstliche Geschehen ein, gehen – auch im wortwörtlichen Sinn – mit, springen auf, wenn die Geschichte aufregend wird. Hören mit offenem Mund zu.

Die Aufmerksamkeit der Kinder über kurze Zeit halten, ihnen dann neue Impulse geben, vom Kopf (beim Hören einer Geschichte) zum Körper (singen, gehen, aufstehen) wechseln, ihnen zu den Worten auch Bilder und Melodien anzubieten, das alles empfiehlt sich auch für Gottesdienste mit Erwachsenen, wenn auch in einem anderen Zeitrahmen.

Gottesdienste mit Kindern sind vollwertige Gottesdienste, mit ihrer ganz eigenen Spiritualität und Form. Sie wollen genauso zweckfrei gefeiert werden wie die Gottesdienste der erwachsenen Gemeinde. Die Kindergartengottesdienste sind kein „Trainingslager" für zukünftige „echte" Gottesdienstgemeinde. Sie haben nicht das Ziel, die Kinder „kirchentauglich" zu machen. Sie sind keine Brutstätte für den kirchlichen Nachwuchs.

Gottesdienste mit kleinen Kindern nehmen die Spiritualität der Kinder ernst. Kinder wollen mit ihrem ganzen Sein das Leben erkunden. Sie wollen sich spüren und die Welt um sich herum. Sie brauchen – wie Erwachsene auch – einen Ort, wo sie ihre intensiven Empfindungen leben können. Angst, Freude, Wut, Traurigkeit, Unsicherheit, Verwirrung, Hoffnung, Neugier ... Je mehr davon im Gottesdienst aufgenommen wird, umso besser. Und, was mir am wichtigsten erscheint: Sie sollen sich angenommen fühlen, so wie sie sind. Auch hier unterscheiden sich die Gottesdienste der Kinder nur in der Form und Länge, aber nicht in der Qualität von denen der Erwachsenen.

Gottesdienste mit Kindern sind eine große Herausforderung, weil wir mit dieser Gemeinde viel direkter in Kontakt kommen und uns weder durch liturgische Gesten noch durch große Worte an ihrem unmittelbaren Urteil vorbeischwindeln können.

Der vorliegende zweite Band der 20-Minuten-Kirche will Mut machen, selber zu experimentieren, Neues auszuprobieren und mit den Kindern die biblische Botschaft erfrischend neu zu erfahren.

Christine Hubka, Wien

Einführung

A   Grundsätzliches

Große und Kleine feiern gemeinsam

Gottesdienste mit Kindern im Vorschulalter sind immer auch Gottesdienste mit Erwachsenen. In der Regel werden ja die Betreuungspersonen der Kinder, eine Musikerin oder ein Musiker und Eltern oder Großeltern diesen Gottesdienst mitfeiern.

Die Erwachsenen sind ebenso ein Teil der Gottesdienstgemeinde wie die Kinder. Sie sind nicht Zuschauer, die sich daran erfreuen, wie ihre Kinder singen und beten. Es gehört zur Aufgabe des Pfarrers, der Pfarrerin, die Erwachsenen aus dieser Zuschauer-Haltung herauszuführen in die Haltung des Mitfeierns. Nicht alle Eltern sind geübt in der Teilnahme am Gottesdienst! Manche finden über das gemeinsame Feiern mit ihrem Kind einen Ort, an dem sie selbst „auch etwas davon haben", wie mir so manche Mutter, mancher Vater versichert. Selbst wenn sie nach wie vor mit den „normalen" Gottesdiensten wenig anfangen können.

Freilich werden, wie in allen Gottesdiensten, manche Elemente eher die Kinder ansprechen, andere Elemente mehr die Erwachsenen berühren. Aber ist das nicht auch dort so, wo ausschließlich Erwachsene Gottesdienst feiern?

Gottesdienst mit Kindern steht in Beziehung zum Gottesdienst der Gemeinde

Kirchenraum und Orgel

Gottesdienste mit Vorschulkindern finden wenn möglich im Kirchenraum statt, in dem die Gemeinde sonntäglich feiert. Sie werden vom Pfarrer, der Pfarrerin geleitet, die auch die Gemeindegottesdienste verantworten. Der Organist, die

Organistin begleitet nicht nur den Gesang der Kinder, sondern auch den der erwachsenen Gemeinde.

Wenn der Gottesdienst im Kirchenraum gefeiert wird, fordern manche Erwachsenen, dass die Kinder „leise" sein müssen. Ich möchte dem die Erfahrungen aus Gottesdiensten entgegensetzen, die ich mit Menschen aus Afrika im Wiener Landesgericht regelmäßig feiern kann. In diesen Gottesdiensten geht es zuweilen recht laut und spontan zu, dann wieder entsteht eine dichte, gefüllte Stille. Nicht laut oder leise ist die Qualität, sondern konzentrierte Präsenz. So können auch Kinder präsent sein: Laut und bewegt, dann wieder still und hellwach in ihrer Aufmerksamkeit. Die Atmosphäre des Raumes unterstützt die Momente, in denen wir die Kinder zum Stillsein und Wahrnehmen anleiten. Der Inhalt, die Freude am Tun und Feiern, macht Lebendigkeit möglich. Trauen wir den Kindern zu, dass sie ihren Gottesdienst ganzheitlich, mit allen ihnen zur Verfügung stehenden Ausdrucksmitteln feiern. Und wenn wir stimmig feiern, wird dort, wo wir es wünschen, auch Stille möglich sein.

Auf jeden Fall empfiehlt es sich, mit Kindern, die den Kirchenraum noch nicht kennen, diesen vor dem ersten Gottesdienst zu erkunden. Wenn sie alle dunklen Ecken – vielleicht auch den Raum hinter der Orgel –, die Kanzel und den Altar nicht nur gesehen, sondern auch „ausprobiert" haben (wie viele Kinder passen in den Kanzelkorb?), werden sie ihre Aufmerksamkeit eher beim gottesdienstlichen Geschehen haben.

Bibel, Gesangbuch und Orgel

Die Bibel, deren Geschichten wir in den Gottesdiensten mit den Kindern erzählen, erleben und gestalten, ist dieselbe, aus der in der sonntäglichen Predigt die Predigttexte für die erwachsene Gemeinde genommen sind. In den meisten Fällen habe ich sowohl für die Psalmen als auch für die biblischen Geschichten den Luthertext verwendet. Auch wenn es einfachere Übersetzungen gibt, schafft die Poesie der Luthertextes eine eigene Stimmung. Um das Hören und Verstehen zu erleichtern, habe ich die biblischen Texte jedoch in der Regel gekürzt und auf die Geschichte konzentriert übernommen. Ein Beispiel: Bei der Geschichte „Abraham und Lot trennen sich" werden nur die Verse 2.5–9 vorgelesen. Der Einschub, dass Abraham geopfert hat, sowie die Ortsnamen Bethel und Ai (Verse 3–4) sind in unserem Zusammenhang verzichtbar und erschweren das Zuhören und Verfolgen der Handlung (wohl nicht nur für Kinder, sondern auch für ungeübte Erwachsene). Gern lese ich den biblischen Text einer Geschichte erst zum Abschluss. Das hat den Vorteil, dass der Inhalt bereits bekannt und vertraut ist. Die biblische Darstellung kann dadurch leichter verstanden werden.

Die Auswahl der Psalmen geschah einerseits nach dem Thema des jeweiligen Gottesdienstes, andererseits auch nach dem Gesichtspunkt, ob die Bilderwelt der Kinder angesprochen wird, z. B. in Psalm 104,16 f., wo von Bäumen, Bergen, Vögeln gesungen wird. Es empfiehlt sich, den Psalm mit dem Hinweis einzuleiten, dass es sich um ein sehr altes Lied handelt. So viel Bibelkunde kann man den Kindern schon zumuten. Sie unterscheiden ja auch sonst zwischen Liedern und Geschichten, fantastischen und faktischen Erzählungen. (Bereits Dreijährige fragen nach, ob etwas „in echt" so gewesen sei, wenn sie eine Geschichte erzählt bekommen.)

Ganz bewusst wird in den Gottesdiensten für die Vorschulkinder auch das Evangelische Gesangbuch möglichst vielfältig verwendet. Seine Melodien ermöglichen auch nach langer „Kirchenpause" ein Wiedererkennen und damit eine Beheimatung. (Das ist wohl der Grund, warum Menschen, die nur am Reformationstag oder zu Weihnachten den Gottesdienst mitfeiern, erwarten, dass dann „Ein feste Burg" bzw. „Stille Nacht" gesungen wird.) Wenn die sogenannten „kindgemäßen Lieder" schon längst vergessen sind bzw. von den Heranwachsenden als zu kindlich belächelt werden, bleiben die Melodien und auch die Worte des Gesangbuchs als ein lebenslanger Schatz verankert. Manches ist zum Hineinwachsen, manches wird auch ganz junge Kinder schon ansprechen. Daneben und dazu können Lieder gesungen werden, die die Kinder im Kindergarten gelernt haben. Manches neue Lied wird auch in dem einen oder anderen Gottesdienstentwurf angeboten. Vor allem für die Leitverse gibt es einige Angebote, die eine sehr einfache Melodieführung haben. Hier möchte ich Mut machen, auch eigene kleine und den Text unterstützenden Melodien zu entwickeln, um biblische Kernsätze ganzheitlich aufzunehmen. (Gesungenes wird besser gemerkt als Gesprochenes).

Ich empfehle, dass das Hauptinstrument, das den Gottesdienst begleitet, wenn möglich dasselbe ist wie in den sonntäglichen Gottesdiensten. Das wird in der

Regel die Orgel sein. Daneben und dazu können ergänzend alle möglichen und verfügbaren Instrumente eingesetzt werden.

Gebete. Anrede Gottes

Die Anrede Gottes im Gebet hat wohl eine lange und nachhaltige Wirkung. Irgendwann kommen die Kinder in ihrer religiösen Entwicklung drauf, dass Gott nicht immer „lieb" ist. Das geschieht spätestens dann, wenn sie die schmerzhafte Seite des Lebens erfahren. Die Bibel setzt die Lebendigkeit Gottes der Nicht-Existenz der menschengemachten Götzen entgegen. (z. B. in Psalm 135). So scheint mir die Anrede: „Lebendiger Gott" biblisch verantwortbar und langfristig tragend zu sein. Dazu kommen, je nach Schwerpunkt der biblischen Geschichte, noch andere möglichen Anreden: „Behütender Gott", „mütterlicher Gott" … Auch hier empfehle ich, zu experimentieren und die Kinder auch mit einzubeziehen.

Die „Schlange"

Mit diesem Stichwort beginnt jede Übersicht. Gemeint ist, dass alle, die den Gottesdienst feiern, einander die Hände geben und in einer langen Schlange zu Orgelmusik in die Kirche einziehen. Dabei wird nicht der kürzeste Weg genommen, sondern die Kirche wird umkreist. Auch der Altarraum wird einmal mit der Schlange durchschritten. Je nach örtlichen Möglichkeiten.

B Praktische Hinweise

Aufbau und Abfolge der Gottesdienste

Die kleine liturgische Form der Gottesdienste ist dieselbe wie im ersten Band „20-Minuten-Gottesdienste". Dort werden die acht Elemente ausführlich beschrieben und begründet. Dass alle Gottesdienste die gleiche Form haben, erleichtert den mitfeiernden Kindern und Erwachsenen das Heimisch-Werden. Zugleich werden hier Elemente aus dem Gottesdienst der erwachsenen Gemeinde vertraut gemacht und eingeübt. Die Leitverse werden im Überblicksschema immer vollständig zitiert; mit ihren ein oder zwei Zeilen nehmen sie wenig Platz in Anspruch.

Verkündigung

In der Wahl der Texte und Themen habe ich ein ausgewogenes Verhältnis zwischen Vertrautem und weniger Üblichem angestrebt. Das Element „Verkündigung" variiert in den Entwürfen am stärksten: Sie finden einerseits fertig erzählte biblische Geschichten, die wortwörtlich übernommen bzw. im Duktus nacherzählt werden können. Wenn in der Verkündigung Interaktion mit den Kindern vorgeschlagen ist, wird der Redeteil des Pfarrers, der Pfarrerin eher stichwortartig dargestellt. Die Aktionen der Kinder werden genauer beschrieben. Manches muss auch offen bleiben, da es sich erst in der Situation entwickelt. Mir persönlich macht diese Form besondere Freude, weil hier auch Unerwartetes entstehen kann.

Der ganzheitliche Ansatz der Verkündigung, der auch den Körper der Kinder anspricht und Raum für spontanes Empfinden eröffnet, ist mir nicht nur für Gottesdienste mit Kindern wichtig. Hier scheint er mir aber unverzichtbar zu sein. Die eigene Leiblichkeit im Gottesdienst zu entdecken und einzubringen – das lobt ganz ohne Worte den Schöpfer dieses Leibes. Erwachsene können hier von den Kindern lernen.

Aufwand für die Vorbereitung

In der Regel ist der finanzielle und zeitliche Aufwand für die Vorbereitung möglichst gering. Gegenstände und Hilfsmittel für die Verkündigung sind wohl in jedem Haushalt, im Kindergarten oder in der Kindergottesdienstkiste zu finden. Bei manchen Entwürfen lässt sich jedoch ein kleiner Einkauf, z. B. auf dem Markt, nicht vermeiden. Für manche Gottesdienste lernen die Kinder im Vorfeld ein Lied oder basteln oder zeichnen eine Kleinigkeit. Wenn dazu keine Zeit ist, geht es in den meisten Fällen auch ohne.

Mitmachpredigten erfordern keine Vorbereitung mit den Kindern. Andere kostet es ein wenig Vorbereitungzeit, z. B. wenn es gilt, Stationen im Kirchenraum aufzubauen. Diese Art der wandelnden Verkündigung hat eine lange Tradition in der Kirche. Die Kreuzwegstationen sind heute noch in der katholischen Kirche eine geübte Form. Manche Gottesdienste sind so angelegt, dass sie sowohl für sich stehen als auch als Abschluss für ein (Wochen-) Projekt gefeiert werden können.

Advent: Wenn Gott kommt, verändert sich die Welt

Vorbemerkung

Die biblischen Verheißungen rechnen mit Gottes Kommen in die Welt und erwarten und erhoffen Veränderungen. „Er stürzt die Gewaltigen vom Thron, die Hungrigen füllt er mit Gütern …", singt Maria im Magnificat (Lk 1,52 f.). Und auch die alttestamentlichen Prophezeiungen schauen erwartungsvoll nach den Veränderungen aus, die Gott mit sich bringen wird, Veränderungen zum Besseren für jeden Einzelnen und für die ganze Schöpfung.

Vorbereiten

Im Vorfeld wird eine Sprechmotette eingeübt.

Ablauf

	Inhalt	Material
1	Schlange	
2	Begrüßung: Advent heißt „Gott kommt". Wir werden hören, worauf wir uns freuen können, wenn Gott kommt.	
3	Psalm 24 i. A. Leitvers: „Macht hoch die Tür, die Tor macht weit, es kommt der Herr der Herrlichkeit!" EG 1, Strophe 1, Verse 1 und 2	M1
4	Verkündigung: Magnificat Lk 1,46 ff.	M2
5	Sprechmotette: Kommender Gott Lied: Macht hoch die Tür EG 1,1	M3
6	Fürbitten und Vaterunser	M4
7	Segen und Auszug	

M1   Aus Psalm 24

Leitvers

Die Erde ist des HERRN und was darinnen ist,

der Erdkreis und die darauf wohnen.

Denn er hat ihn über den Meeren gegründet

und über den Wassern bereitet.

Leitvers

Machet die Tore weit und die Türen in der Welt hoch,

dass der König der Ehre einziehe!

Wer ist der König der Ehre?

Es ist der HERR, stark und mächtig,

der HERR, mächtig im Streit.

Machet die Tore weit und die Türen in der Welt hoch,

dass der König der Ehre einziehe!

Wer ist der König der Ehre?

Es ist der HERR Zebaoth; er ist der König der Ehre.

Leitvers

M2   Verkündigung

Maria, die Mutter Jesu, freute sich auf das Kind, das in ihrem Bauch wuchs.

Der Engel hatte gesagt: „Dein Kind wird ein besonderes Kind sein."

Und er hatte auch gesagt: „Du sollst dein Kind Jesus nennen."

Viele Namen haben eine Bedeutung.

Hier kann der Prediger, die Predigerin, die Bedeutung des eigenen Namens nennen. Und dann auch die Bedeutung einiger Namen von anwesenden Kindern oder MitarbeiterInnen.

Gott rettet – bedeutet der Name „Jesus". Da hatte Maria viel nachzudenken, in der Zeit, als das Kind in ihrem Bauch wuchs. Gott rettet.

„Gott wird wohl die Armen, die immer hungrig sind, vor dem Hunger retten. Sodass sie sich täglich sattessen können", dachte sie. Und das machte sie sehr froh, denn auf den Straßen und Wegen in Nazareth saßen viele Bettler.

„Gott wird aber auch die Unterdrückten retten. Dass ihnen keiner mehr Gewalt antut. Er wird die Menschen vor denen retten, die in ihrem Land Krieg machen." Und das ließ sie aufatmen, denn in ihrem Land hatte es Krieg gegeben. Und jetzt waren da die fremden Männer mit ihren gefährlichen Waffen, die den Leuten große Angst machten.

„Gott wird auch nicht zulassen, dass ich verspottet werde, weil ich dieses Kind bekommen und noch nicht mit Josef verheiratet bin", dachte sie und fügte leise hinzu: „Bitte großer Gott, beschütze mich vor dem Spott der Leute."

Dann überlegte sie: Wieso kann ich so gewiss sein, dass Gott das alles machen wird? Und ihr fiel ein: Ach ja, Gott hat das schon unserem Vater Abraham zugesagt. Und Gott hält sein Versprechen.

Da war sie ganz froh und ihr wurde leicht ums Herz und sie besuchte ihre Kusine Elisabeth. Als sie bei ihr war, sagte sie: „Ich habe ein Gedicht gedichtet. Willst du es hören?" Natürlich wollte Elisabeth das Gedicht hören. Und Maria sagte es ihr vor. – Heute steht es hier, in unserer dicken Bibel …

Der Prediger / die Predigerin schlägt feierlich die Bibel auf.

Meine Seele erhebt den Herrn, und mein Geist freut sich Gottes,
meines Heilandes; denn er hat die Niedrigkeit seiner Magd angesehen.
Siehe, von nun an werden mich selig preisen alle Kindeskinder.
Denn er hat große Dinge an mir getan,
der da mächtig ist und dessen Name heilig ist.
Und seine Barmherzigkeit währt von Geschlecht zu Geschlecht
bei denen, die ihn fürchten. Er übt Gewalt mit seinem Arm
und zerstreut, die hoffärtig sind in ihres Herzens Sinn.
Er stößt die Gewaltigen vom Thron und erhebt die Niedrigen.
Die Hungrigen füllt er mit Gütern und lässt die Reichen leer ausgehen.
Er gedenkt der Barmherzigkeit und hilft seinem Diener Israel auf,
wie er geredet hat zu unsern Vätern,
Abraham und seinen Kindern in Ewigkeit.
Lukas 1,46–55

Alle singen EG 1,1 Macht hoch die Tür.

M3   Motette

RuferIn:	Wenn Gott kommt …
Kind / Gruppe:	Dann wird die tiefe Finsternis Licht,
	weil Gott selbst die Waffen zerbricht.
RuferIn:	Wenn Gott kommt …
Kind / Gruppe:	Was oben war, kommt weit herunter.
	Erschöpfte werden wieder munter.
RuferIn:	Wenn Gott kommt …
Kind / Gruppe:	Was unten liegt, ist dann ganz oben.
	Wer nur geschimpft hat, wird jetzt loben.
RuferIn:	Wenn Gott kommt …
Kind / Gruppe:	Aus Tälern werden hohe Berge.
	Die Berge werden klein wie Zwerge.
RuferIn:	Wenn Gott kommt …
Kind / Gruppe:	Der Streit hört auf, Friede beginnt.
	Am Loch der Otter spielt ein Kind.
RuferIn:	Wenn Gott kommt …
Kind / Gruppe:	Kuh und Bär werden Freunde sein.
	Einsame Menschen sind nicht mehr allein.
RuferIn:	Wenn Gott kommt …
Kind / Gruppe:	Der Löwe frisst Stroh
	und es mundet ihm so.
RuferIn:	Wenn Gott kommt, …
Kind / Gruppe:	Wer wissen will, wann das alles beginnt,
	sieht in der Krippe ein kleines Kind.

Nun können die Kinder die Sprechmotette aufführen.

M4 Fürbitten

Kommender Gott, wenn du nahe bist,

muss niemand mehr Angst haben.

Wir bitten dich: Lass alle,

die sich im Finsteren fürchten,

ein Licht sehen.

Alle singen: Kyrie eleison (EG 178.9)

Kommender Gott, wenn du nahe bist,

muss niemand mehr Angst haben.

Wir bitten dich: Lass alle,

die sich vor Größeren und Stärkeren fürchten müssen,

endlich in Frieden leben.

Kyrie eleison

Kommender Gott, wenn du nahe bist,

muss niemand mehr Angst haben.

Wir bitten dich: Bringe allen,

die im Unfrieden leben,

deinen Frieden mit.

Kyrie eleison

M4 Fürbitten

Rund um den Christbaum: Zwei Gottesdienste

Vorbemerkung

Der Baum ist ein altes biblisches Symbol. Der Baum des Lebens im Paradies ist ein Bild für das ewige Leben in Gemeinschaft mit Gott. In Psalm 1 ist der grünende Baum ein Bild für das Leben des Gerechten. Der Prophet Hosea richtet im Namen Gottes aus: „Ephraim, was sollen dir weiter die Götzen? Ich will dich erhören und führen. Ich will sein wie die grünende Tanne. Von mir erhältst du deine Früchte."

Als Gestaltungselement des Weihnachtsfestes ist der Christbaum ein eher junges Symbol. Zum ersten Mal wird er im Evangelischen Straßburg des 16. Jahrhunderts erwähnt. Der erste Christbaum war schmucklos. Er sollte wohl den Baum des Lebens darstellen, zu dem der Zugang durch die Geburt des Christus wieder frei geworden ist. Später wurden Papierrosen darauf angebracht. Das Bild von den Rosen verdanken wir dem am Ende des 16. Jahrhunderts gedichteten Lied „Es ist ein Ros entsprungen". Der unbekannte Dichter aus Trier machte aus dem biblischen „Reis", von dem „Jesaja sagt", ein „Ros" und ein „Blümlein". Am Christbaum des späten 16. Jahrhunderts blühen nun Rosen. Erst 1708 werden Kerzen am Christbaum erwähnt. Da trägt er neben den Rosen schon anderes Schmuckwerk, wie Äpfel, Oblaten, Flittergold.

Lange Zeit wurde der Christbaum nur in evangelisch geprägten Gebieten aufgestellt. Inzwischen ist der Christbaum nicht nur gemeinsames Symbol der Kirchen geworden. Auch Menschen, die dem christlichen Glauben nicht angehören, verwenden ihn als Festsymbol. Er ist inzwischen ein fester Bestandteil auch des säkularen Brauchtums.

Im Folgenden werden zwei Vorschläge für Gottesdienste „rund um den Christbaum" gemacht.

A   Ich will sein wie die grünende Tanne, sagt Gott. (Hos 14,9)

Vorbereiten

Ein kleiner Tannen- oder Fichtenbaum aufgestellt oder ein Bild einer großen Tanne mit dem Beamer an die Wand projiziert. Vor Beginn des Gottesdienstes werden ein paar Tannen- oder Fichtennadeln im Kirchenraum verbrannt.

Die Kinder lernen im Vorfeld den Leitvers „Keiner weiß, wie Gott aussieht, keiner weiß, wie Gott aussieht. Aber wenn du ihn rufst, hört er und sagt: Ich bin da, ich bin da. Ich will sein wie die grünende Tanne!" (M1) und „O Tannenbaum".

Ablauf

	Inhalt	Material
1	Schlange	
2	Begrüßung: Heute riecht es in der Kirche anders als sonst? Wer kann den Geruch erkennen?	
3	Psalm 96 mit Leitvers: Keiner weiß, wie Gott aussieht …	M1
4	Verkündigung: Ich will sein wie die grünende Tanne Hos 14,9	M2
5	Lebendiger Gott, du willst für uns sein …	M3
6	Vaterunser; Hier kann noch einmal der Leitvers bzw. eine Strophe O Tannenbaum gesungen werden.	
7	Segen und Auszug	

M1 Aus Psalm 96

Leitvers

Text und Melodie: Christine Hubka; nach: Hos. 14,9

Kei - ner weiß, wie Gott aus - sieht,

kei - ner weiß, wie Gott____ aus - sieht,

a - ber wenn du ihn rufst,

hört er und sagt: Ich bin da,

ich bin da, ich will sein wie die

grü - nen - de Tan - - - ne.

Leitvers

Singet dem HERRN ein neues Lied;

singet dem HERRN, alle Welt!

Singet dem HERRN und lobet seinen Namen,

verkündet von Tag zu Tag sein Heil!

Leitvers

Das Meer brause und was darinnen ist;

das Feld sei fröhlich und alles, was darauf ist;

es sollen jauchzen alle Bäume im Walde

vor dem HERRN; denn er kommt.

Leitvers

M2   Verkündigung

Die Aufmerksamkeit der Kinder wird auf den kleinen Baum oder das große Bild gelenkt. Sie stehen, breiten die Arme aus wie ein Tannenbaum, und stellen dar, wie ein Baum „jauchzen" kann. Eventuell muss dieses Wort aus dem Psalm kurz umschrieben werden.

Die erste Strophe von O Tannenbaum wird gesungen. Danach sitzen die Kinder wieder.

Geschichte

Es war vor langer Zeit, als die Menschen ganz viel Angst hatten: Wenn das Wetter schlecht war und es gar nicht mehr aufhören wollte zu regnen und die Ernte kaputt ging, dann fragten sie einander: „Wer wird uns den Regen abdrehen?" „Wer wird dafür sorgen, dass die Sonne wieder scheint?" Wenn jemand krank wurde und fürchtete, nie wieder gesund werden, fragte er: „Wer kann mir helfen? Mein Arzt findet die richtige Medizin nicht!" Und wenn die Sonne zu lange schien, wenn es zu wenig regnete, fragten die Menschen: „Wer wird uns endlich Schatten und Regen geben? Wir verdursten schon. Alles um uns herum ist vertrocknet!"

Sie begannen, sich Figuren zu machen: Eine Figur sollte den Regen bringen. Eine andere die Sonne. Eine dritte sollte bei den Kranken helfen. Niemand dachte daran, Gott zu bitten. Da schickte Gott einen Mann namens Hosea zu den Menschen. Der richtet ihnen aus: „Ich will sein wie eine grünende Tanne. Von mir erhältst du deine Früchte." (Hosea 14,9)

Gespräch mit den Kindern, was für schöne Erfahrungen man mit einer Tanne machen kann:

- ▶ Sie gibt Schatten, wenn es heiß ist.
- ▶ Man kann sich hinter dem Stamm, unter den hängenden Zweigen verstecken, wenn man nicht gesehen werden kann.
- ▶ Sie duftet gut.
- ▶ Sie trägt Zapfen, mit denen man basteln und heizen kann.
- ▶ Die Tanne ist grün. Auch im Winter.

Hier singen alle: O Tannenbaum, dein Kleid will mich was lehren …

Zuletzt: Die Tanne ist ein wunderschöner Christbaum.

Alle singen: O Tannenbaum, du kannst mir sehr gefallen …

M4   Fürbitten

Lebendiger Gott, du willst für uns sein
wie die grünende Tanne.
Wir bitten dich:
Dass müde Menschen sich bei dir gut ausruhen können
wie im Schutz einer Tanne.

Alle singen: Kyrie eleison (EG 178.9)

Lebendiger Gott, du willst für uns sein
wie die grünende Tanne.
Wir bitten dich,
dass traurige Menschen bei dir ungestört weinen können.
Und fröhliche Menschen sich
unter deinem Schutz behütet
freuen können.

Alles singen: Kyrie eleison

Lebendiger Gott, du willst für uns sein
wie die grünende Tanne.
Wir bitten dich,
dass das Weihnachtsfest schön wird
und wir fröhlich miteinander feiern können.

Alles singen: Kyrie eleison

B   Es ist ein Ros entsprungen

Vorbereiten

Papierrosen werden – am besten aus rotem Krepppapier – gebastelt. Hier können die Kinder mithelfen. Für jedes Kind soll eine Rose bereit stehen. Anleitung für Papierblumen bei „Wie die Lilien auf dem Feld".

Ein größerer Tannen- oder Fichtenzweig. bzw. ein kleiner Tannen- oder Fichtenbaum.

Entweder an einem abgestorbenen Ast (ohne Blätter) eine Papierrose befestigen und beides auf dem Altar platzieren oder das Bild der Rose aus der Wurzel Isai (Sieger Köder, www.ars-liturgica.de) mit Beamer im Kirchenraum projizieren.

Ablauf

	Inhalt	Material
1	Schlange	
2	Begrüßung: Hinweis auf die Rose auf dem Altar / auf der Projektion: Was ist merkwürdig? (So wachsen Rosen normalerweise nicht; Kinder wissen das!) Es geht heute um eine ganz besondere Rose.	
3	Psalm 103 i. A. Leitvers: „Es ist ein Ros entsprungen aus einer Wurzel zart" EG 30, Strophe 1, Verse 1 und 2	M1
4	Verkündigung: Das Reis aus der Wurzel Isai	M2
5	Gebet: Lebendiger Gott, du lässt Neues entstehen und wachsen	M3
6	Vaterunser, Lied EG 30,1	
7	Segen und Auszug	

M1   Psalm 103

Leitvers

Lobe den HERRN, meine Seele,

und was in mir ist, seinen heiligen Namen!

Lobe den HERRN, meine Seele,

und vergiss nicht, was er dir Gutes getan hat …

Leitvers

Der HERR schafft Gerechtigkeit und Recht

allen, die Unrecht leiden …

Ein Mensch ist in seinem Leben wie Gras,

er blüht wie eine Blume auf dem Felde …

Lobe den HERRN, meine Seele!

Leitvers

M2   Verkündigung

Den vertrockneten Ast zeigen. Gespräch mit den Kindern, was dieser Ast nicht mehr kann: keine Blätter treiben, keine Früchte tragen …

Manchmal glauben wir: Es ist bei uns wie bei dem vertrockneten Ast: Es geht nichts mehr. Nie, nie wieder. Alles ist kaputt. Alles ist ganz gemein. Das ist dann, wenn du ganz laut schreist oder ganz leise weinst. Das ist nicht nur bei Kindern so. Auch Erwachsene sagen manchmal: Jetzt ist alles aus. Jetzt kann es nie wieder schön werden. Aber Gott sagt: „Gerade dort, wo du glaubst, alles ist aus, schenke ich dir einen neuen Anfang." Gott schickt den Propheten Jesaja zu uns und lässt uns ausrichten: „Schaut aus einem ganz alten Baumstumpf kann auch wieder ein neuer, frischer, grüner Zweig herauswachsen. So ist das auch in eurem Leben." Besonders zu Weihnachten denken wir an diese Nachricht des Propheten Jesaja. Darum haben die Christbäume lange Zeit als Schmuck rote Papierrosen getragen. Zur Erinnerung, dass mit der Geburt des Jesuskindes etwas Neues beginnt.

Die Papierrosen am Baum, am Zweig befestigen.

M3   Fürbitten

Lebendiger Gott, du lässt Neues entstehen und wachsen.

Auch dort, wo wir gar nicht mehr damit rechnen.

Wir bitten dich:

Lass die traurigen Menschen wieder froh werden.

Wir danken dir, dass wir immer, wenn wir weinen müssen,

auch wieder aufhören können.

Alle singen Kyrie eleison (EG 178.9)

Lebendiger Gott, du lässt Neues entstehen und wachsen.

Auch dort, wo wir gar nicht mehr damit rechnen:

Wir bitten dich:

Lass die kranken Menschen wieder gesund werden.

Wir danken dir, dass alles wieder heilt,

wenn wir uns wehgetan haben und wir eine blutende Wunde haben.

Alle singen Kyrie eleison

Lebendiger Gott, du lässt Neues entstehen und wachsen.

Auch dort, wo wir gar nicht mehr damit rechnen.

Wir bitten dich:

Lass alle, die streiten, sich wieder vertragen.

Wir danken dir, dass wir, wenn wir aufhören zu streiten,

wieder miteinander spielen können.

Muttertag: Immer nur lächeln?

Vorbemerkung

Die Mutter *ist langmütig und freundlich, sie treibt nicht Mutwillen, sie bläht sich nicht auf, sie verhält sich nicht ungehörig, sie sucht nicht das Ihre, sie lässt sich nicht erbittern, sie rechnet das Böse nicht zu … sie erträgt alles, sie glaubt alles, sie hofft alles, sie duldet alles.* Was Paulus im 1. Korintherbrief über die Liebe schreibt, das wird besonders Müttern zugeschrieben. Dass Mütter eigene Bedürfnisse haben, Zeit und Aufmerksamkeit nicht nur geben, sondern auch für sich selbst brauchen, ist weniger oft im Blick.

Kinder haben ein feines Sensorium, ob es der Mutter gut geht oder ob sie niedergeschlagen ist. Kinder bekommen Angst, wenn vor ihnen heile Welt und gute Laune gespielt wird, obwohl es dahinter anders aussieht. Kinder übernehmen instinktiv Verantwortung für die Mutter, wenn es ihr über einen längeren Zeitraum schlecht geht.

Der folgende Gottesdienst macht zum Thema, was Kinder immer schon gewusst haben: Mütter sind auch Menschen, mit guten und mit schlechten Tagen. Ziel der Verkündigung ist zu zeigen, dass die „Mama" ähnliche Empfindungen und Bedürfnisse hat wie die Kinder. Und dass für die Mama – ebenso wie für die Kinder – Gott als Zuflucht und Hort da ist. So wird den Kindern die Verantwortung für das Wohlergehen der Mütter abgenommen.

Vorbereiten

Die Kinder lernen im Vorfeld das „Mamalied" (M1). Eine zusätzliche Möglichkeit: Jedes Kind malt ein Bild von seiner Mama. Diese Bilder werden im Kirchenraum aufgehängt. Und natürlich werden die Mütter zu diesem Gottesdienst eingeladen!

M1 Das Mama-Lied

Text und Melodie: Christine Hubka

Manch - mal bin ich frisch und mun - ter,

manch - mal bi ich schreck - lich müd'.

Manch - mal rol - len Trä - nen run - ter,

die dann mei - ne Ma - ma sieht.

2 Manchmal will ich schmeicheln, kuscheln.
Manchmal mag ich keinen Kuss.
Mit der Mama will ich tuscheln.
Niemand es sonst hören muss.

3 Manchmal sitz ich brav und artig.
Manchmal tob ich durch das Haus.
Wenn dann einer sagt: „Jetzt reicht es",
bricht bei mir die Krise aus.

4 Manchmal steck ich voll Ideen,
manchmal ist mir ständig fad.
Meine Mama kann das sehen.
Sie weiß oft dann guten Rat.

5 Manchmal kann ich springen, laufen.
Manchmal schmerzt das Bein mich sehr.
Meine Mama singt ein Lied mir,
spüre keine Schmerzen mehr.

Ablauf

	Inhalt	Material
1	Schlange	
2	Begrüßung: Hinweis auf die Bilder; Kinder singen das Mama-Lied	M1
3	Psalm 139,1–6; Leitvers, gesungen: „Ich will euch trösten, wie einen eine Mutter tröstet, spricht unser Gott.“	M2
4	Verkündigung: „Ich will euch trösten …“; Kinder singen den Leitvers	M3
5	Fürbitten	M4
6	Vaterunser,	
7	Segen und Auszug	

M2   Aus Psalm 139

Leitvers   *Text und Melodie: Christine Hubka*

Ich will euch trös-ten wie ei-nen sei-ne Mut-ter

trös - tet spricht un - ser Gott.

HERR, du erforschest mich
und kennest mich.
Ich sitze oder stehe auf, so weißt du es;
du verstehst meine Gedanken von ferne.

Leitvers

Ich gehe oder liege, so bist du um mich
und siehst alle meine Wege.
Denn siehe, es ist kein Wort auf meiner Zunge,
das du, HERR, nicht schon wüsstest.

Leitvers

>Von allen Seiten umgibst du mich
>und hältst deine Hand über mir.
>Diese Erkenntnis ist mir zu wunderbar und zu hoch,
>ich kann sie nicht begreifen.

Leitvers

M3 Verkündigung

Alle singen die erste Strophe des Mamaliedes:

>Manchmal bin ich frisch und munter,
>manchmal bin ich schrecklich müd.
>Manchmal rollen Tränen runter,
>die dann meine Mama sieht.

Eine Mitarbeiterin stellt sich gut sichtbar auf und mimt „müde sein". Eine Mitarbeiterin mimt in einigem Abstand „frisch und munter" sein.

Zwei Mitarbeiterinnen stellen sich Rücken an Rücken. Eine mimt „müde sein", eine mimt „frisch und munter" sein. (Zu dieser Strophe kann alternativ auch „weinen" und „lachen" dargestellt werden.)

>Frage an die Kinder: Wie glaubst du, ist das bei deiner Mama? Ist sie frisch und munter? Ist sie müde? Oder ist sie manchmal frisch und manchmal müde? (dabei auf die jeweilige Darstellung zeigen!)

Die Kinder stellen sich nun zu der Darstellung, die für ihre Wahrnehmung zutrifft. Nachdem Ruhe eingekehrt ist, wird, das Ergebnis kurz angesprochen. Danach setzen sich die Kinder.

>Die „Abstimmung mit den Füßen" kann noch ein oder zwei Mal (nicht öfter) wiederholt werden. Dazu wird jeweils die entsprechende Strophe gesungen. Neue Frage: Wer passt auf die Mama auf? Hier kommen wohl ganz verschiedene Antworten der Kinder, je nachdem wie die Familie lebt.

>Zuletzt: Wir Menschen passen aufeinander auf. Aber manchmal ist das nicht so einfach. Und manchmal ist das nicht so gut möglich. Gott sagt: „Ich will euch

trösten, wie einen seine Mutter tröstet." Gott schaut auch auf die Mama und den Papa und die Oma … und … und. Wir können Gott immer bitten, dass er auf sie und auf uns aufpasst.

Alle singen den Leitvers.

M4   Fürbitten

Fürsorglicher Gott,
wie eine Mutter tröstest du und schaust auf uns.
Wir bitten dich für die Mama:
Sei für sie da, wenn sie traurig ist.
Schau auf sie, wenn sie froh ist.

Alle singen den Leitvers.

Wir bitten dich für alle Menschen, die wir lieb haben:
Für die Oma und den Opa, für den Papa,
für unsere Nachbarin und den Nachbarn.
Für unsere Freundinnen und Freunde.
Sei für sie da, wenn sie traurig sind.
Schau auf sie, wenn sie froh sind.

Alle singen den Leitvers.

Erntedank: Alle gute Gabe …

Vorbemerkung

Gerade Kinder, die in der Stadt groß werden, haben wenig Kenntnis vom Wachsen und Werden von Pflanzen und Tieren. Als die Werbung für Milka Schokolade eine lila Kuh im Fernsehen gezeigt hat, haben manche Kinder geglaubt, dass Kühe tatsächlich lila sind. – In diesem Gottesdienst wird unterschieden zwischen Dingen, die Menschen machen können, und Lebensmitteln, die uns die Schöpfung und Schöpfer schenken.

Vorbereiten

Aus Zeitschriften, Werbekatalogen und Prospekten ausschneiden:

► möglichst große und bunte Bilder von Dingen, die Kinder gern geschenkt bekommen: Lego-Steine, Playmobil-Figuren, Puppen, Teddys …

► Bilder von Früchten, Obst, Gemüse – möglichst ohne Beiwerk wie Töpfe, Pfannen, Gläser. Falls dies nicht möglich ist, können die Sachen auch schematisch gezeichnet werden. Je mehr Dinge, die im Psalm (siehe unten fett gedruckte Worte) genannt werden, als Bild vorkommen, desto besser.

Auf weißen Karton aufkleben; diese Kärtchen lochen. – Falls möglich beteiligen sich die Kinder an diesen Vorbereitungen. Dann sind ihnen die Bilder vertraut. Sie haben sie bereits „bearbeitet". Ihre Aufmerksamkeit im Gottesdienst wird durch die Freude erhöht, dass ihr Werk eine Bedeutung für den Gottesdienst hat. Des Weiteren brauchen Sie:

► Christbaumhaken aus Draht

► Kleiner Baum / großer Ast, in Blumentopf oder Christbaumständer

► Einkaufskorb / Einkaufstasche

Ablauf

	Inhalt	Material
1	Schlange	
2	Begrüßung	
3	Psalm 104 i. A. Leitvers: „Alle gute Gabe …" (EG 508, Refrain)	M1
4	Verkündigung: Was wächst? Was wird erzeugt? Mit 1 Mose 2 i. A.	M2
5	Fürbitten: Lebendiger Gott, du lässt wachsen …	M3
6	Vaterunser, Lied EG 511: Weißt du, wie viel Sternlein stehen …	
7	Segen und Auszug	

M1   aus Psalm 104

Leitvers

Lobe den HERRN, meine Seele!
HERR, mein Gott, du bist sehr herrlich;
du bist schön und prächtig geschmückt.

Du lässest **Wasser** in den Tälern quellen,
dass sie zwischen den Bergen dahinfließen,
dass alle **Tiere** des Feldes trinken …
Darüber sitzen die **Vögel** des Himmels
und singen unter den **Zweigen**. …

Leitvers

Du machst das Land voll **Früchte**, die du schaffest.
Du lässest **Gras** wachsen für das **Vieh**
und Saat zu Nutz den Menschen, …
Die **Bäume** des HERRN stehen voll Saft.

HERR, wie sind deine Werke so groß und viel!
Du hast sie alle weise geordnet, und die Erde ist voll deiner Güter.

Leitvers

M2 Verkündigung

Die Bilder werden nach und nach in bunter Reihenfolge aus einem Behälter gezogen – hier kann ein Kind mithelfen – oder auch mehrere Kinder abwechselnd.

Die Kinder entscheiden: „Gewachsen" oder „gemacht"?

Was wächst, wird an dem Baum / dem Ast befestigt. Was von Menschen gemacht ist, kommt in den Einkaufskorb.

Lesen 1 Mo 2,8–19 i. A.

> Gott der HERR pflanzte einen Garten in Eden gegen Osten hin und setzte den Menschen hinein, den er gemacht hatte. Und Gott der HERR ließ aufwachsen aus der Erde allerlei Bäume, verlockend anzusehen und gut zu essen … Gott der HERR machte aus Erde alle die Tiere auf dem Felde und alle die Vögel unter dem Himmel und brachte sie zu dem Menschen, dass er sähe, wie er sie nennte; denn wie der Mensch jedes Tier nennen würde, so sollte es heißen. Und der Mensch gab einem jeden Vieh und Vogel unter dem Himmel und Tier auf dem Felde seinen Namen.

Singen des Lied-Refrains: „Alle gute Gabe … "

M3 Fürbitten

> Lebendiger Gott, du lässt wachsen,
> was wir zum Leben brauchen. Wir bitten dich:
> Gib auch den Vögeln, den Rehen, den Hasen genug zu essen.
>
> Wir bitten dich für die Menschen,
> die in Ländern leben, wo es zu wenig Wasser gibt.
> Schenke ihnen zur rechten Zeit Regen.
>
> Wir danken dir für alles, was so gut schmeckt:
> Für die Äpfel und die Kiwis ….

Hier sollten vor allem die Früchte genannt werden, deren Bild am Zweig zu sehen ist, bzw. die als Erntedankschmuck im Kirchenraum zu sehen sind.

Erntedank: Schokolade wächst auf Bäumen

Vorbemerkung

Schokolade ist ungesund. Schokolade macht die Zähne kaputt. Schokolade macht dick. Kinder sollen stattdessen lieber Obst und Gemüse essen. Aber Kinder – und auch Erwachsene – lieben Schokolade.

Dieser Gottesdienst zum Erntedank lässt ein wenig über die Ingredienzien von Schokolade nachdenken, die ja aus der Natur kommen. Und über die Arbeit der Menschen, die uns den Genuss von Schokolade ermöglichen. Schokolade ist ungesund, aber schon Paulus sagt: „Wenn ich's mit Danksagung genieße, was soll ich mich dann wegen etwas verlästern lassen, wofür ich danke?" (1 Kor 10,30) Schokolade essen mit Danksagung ist das Gegenteil von „unbedacht hineinstopfen". Und das gilt nicht nur für Schokolade. Zur Danksagung gehört das Wahrnehmen der Menschen, die am Produktionsprozess beteiligt sind. Auch wenn es zu früh ist, mit den Kindern Arbeitsbedingungen zu reflektieren, werden sie doch verstehen, dass die Arbeit auf hohen Bäumen gefährlich sein kann.

Vorbereiten

Ein Zweig, auf dem entweder eine große Tafel Schokolade oder viele kleine Stückchen befestigt sind. Für jedes Kind muss ein Stück Schokolade da sein. Dieser ist zu Beginn des Gottesdienstes noch mit einem Tuch verhüllt. Es soll nicht zu erkennen sein, was sich darunter verbirgt. Außerdem:

► Glasschüssel mit Kakaopulver – Wenn viele Kinder da sind, mehrere Schüsselchen vorbereiten.

► Glaskrug mit Milch

► Teller mit einem Berg Kristallzucker

Ablauf

	Inhalt	Material
1	Schlange	
2	Begrüßung	
3	Psalm 104 i. A. Leitvers: „Die Bäume stehen voller Laub, das Erdreich decket seinen Staub mit einem grünen Kleide" (EG 503,2; Verse 1 und 2)	M1
4	Verkündigung: „Schokolade wächst auf Bäumen"	M2
5	Fürbitten: „Schöpferischer Gott ..." mit „Halleluja aus EG 103	M3
6	Vaterunser	
7	Segen und Auszug	

M1   Aus Psalm 104

Leitvers

Lobe den HERRN, meine Seele!

HERR, mein Gott, du bist sehr herrlich;

du bist schön und prächtig geschmückt.

Licht ist dein Kleid, das du anhast.

Du breitest den Himmel aus wie einen Teppich;

Leitvers

Die Bäume des HERRN stehen voll Saft. (...)

Dort nisten die Vögel,

und die Reiher wohnen in den Wipfeln.

Leitvers

M2   Verkündigung

Wir haben im Psalm von den Bäumen gehört. Überlegen wir gemeinsam, was auf Bäumen wächst und was nicht auf Bäumen wächst.

Im Wechsel nennen: Äpfel, Birnen, Schuhe, Nüsse, Katzen, Socken, Zwetschgen ... Die Kinder antworten jeweils mit einem gerufenen „Ja" oder „nein". Ganz zuletzt: Schokolade; Kinder werden „nein" rufen.

Tuch lüften – und siehe da, auf dem Zweig ist Schokolade!

Der Kakaobaum ist riesengroß. Er reicht bis zum Kirchendach. Auf diesem Baum wachsen die Kakaobohnen. Sie werden geerntet, getrocknet. Gemahlen. Dann haben wir das Kakaopulver.

Schüssel mit Kakaopulver herumreichen. Jedes Kind darf kosten. (Schmeckt nicht!)

Frage: Was fehlt denn da? (ist nicht süß, ist zu trocken). Zutat: Milch: Die Kuh frisst das Gras. Sie gibt die Milch. Nächste Zutat: Zucker. Der wächst in großen Rüben in der Erde. – Also wächst die Schokolade genau genommen an drei Orten gleichzeitig: auf den Bäumen, auf der Wiese, unter der Erde.

Jetzt darf jedes Kind ein Stückchen Schokolade essen.

M3 Fürbitten

Schöpferischer Gott, wir danken dir,
dass du so viele gute Sachen auf den Bäumen wachsen lässt.
Wir danken dir auch für den Baum, auf dem der Kakao wächst,
aus dem unsere Schokolade gemacht ist.

Alle singen Halleluja-ha-ha

Wir danken dir für die Kühe, die die Milch geben
für unsere Schokolade. Für die grünen Wiesen,
auf denen sie weiden können.

Alle singen Halleluja-ha-ha

Wir danken dir für die Menschen,
die den Kakao von den hohen Bäumen ernten.
Beschütze sie, dass sie nicht herunter fallen.
Wir danken dir für die Menschen,
die die Kühe pflegen und melken und ihre Ställe sauber halten.

Alle singen Halleluja-ha-ha

Erntedank oder Herbstfest: Kürbisfest

Vorbemerkung

Immer wieder ist „groß" sein oder „klein" sein unter Kindern ein Thema. Mein Sohn war im Kindergarten und während seiner ganzen Schulzeit immer der Kleinste in der Gruppe. Selbst die Mädchen waren größer als er. Kinder leiden aber nicht nur darunter, dass sie kleiner sind als andere. Manche überragen ihre AltersgenossInnen um ein Stück und leiden auch darunter. Dieser Gottesdienst mit Kürbissen kann helfen, die Frage nach der Größe zu relativieren.

Vorbereiten

Zwei oder drei Kürbisse – einer davon möglichst groß und dick. Ganz!
► Kleiner Kürbis, halbiert.
► Schale mit getrockneten Kürbiskernen. Zum Knabbern

Vorab lernen die Kinder den Leitvers „Alle guten Gaben" EG 463 (Refrain) und den Refrain EG 454 „Gottes Liebe, Gottes Treu". Möglich ist auch, die beiden kurzen Stücke während des Gottesdienstes vorzusingen.

Ablauf

	Inhalt	Material
1	Schlange	
2	Begrüßung: Kinder, auch Erwachsene, sind unterschiedlich groß …	
3	Psalm 104 i. A. Leitvers: „Alle gute Gaben, alles, was wir haben, kommt, o Gott, von dir. Dank sei dir dafür" (EG 463)	M1
4	Verkündigung: „Große Kürbisse, kleine Kürbisse"; 4 Mose 11,5, Lied EG 454	M2
5	Fürbitten: „Lebendiger Gott, wir danken dir …"	M3
6	Vaterunser	
7	Segen und Auszug	

M1   Aus Psalm 104

Leitvers

HERR, mein Gott, du bist sehr herrlich;
du bist schön und prächtig geschmückt …
Du feuchtest die Berge von oben her,
du machst das Land voll Früchte, die du schaffest.

Leitvers

Du machst Finsternis, dass es Nacht wird;
da regen sich alle wilden Tiere,
die jungen Löwen, die da brüllen nach Raub
und ihre Speise suchen von Gott.

Leitvers

M2   Verkündigung

Die Kinder bilden einen Kreis oder eine lange Reihe, je nach räumlichen Gegebenheiten.

Die drei Kürbisse werden mit Namen vorgestellt: Der kleinste heißt „Molly". Der mittlere heißt „Dolly" und der größte heißt „Rolly", weil er so groß und schwer ist, dass ihn manche gar nicht heben können, sondern rollen. Der Reihe nach werden Molly, Dolly und Rolly weitergereicht, damit die Kinder sie kennenlernen – beginnend mit dem leichtesten, zuletzt kommt der schwerste, den die ganz Kleinen vielleicht nur mit Hilfe heben bzw. rollen können. Danach wird die Geschichte erzählt:

Eines Tages hatten Molly, Dolly und Rolly Streit. „Ich bin der Größte!", rief Rolly. „Ich bin besser als ihr. Und wenn ihr nicht tut, was ich sage, rolle ich über euch drüber. Dann mach ich euch platt!" Molly und Dolly fürchteten sich. Aber sie wollten auch nicht immer tun, was Rolly ihnen sagte. Sie gingen zur Feldmaus und fragten sie um Rat. Die Feldmaus zeigte ihnen einen kleinen Kürbis, den sie geerntet hatte. Drinnen waren ganz viele Kerne. Genüsslich begann die Maus die Kürbiskerne zu knabbern. Dann sagte sie: „Es ist nicht wichtig, wie groß einer ist. Wichtig ist, was in ihm drinnen steckt. Auch im kleinsten Kürbis sind feine Kürbiskerne."

Die Kinder knabbern Kürbiskerne. Kleine Ansprache für die Eltern, während die Kinder Kürbiskerne knuspern:

„Wir denken an die Fische, die wir in Ägypten umsonst aßen, und an die Kürbisse, die Melonen, den Lauch, die Zwiebeln und den Knoblauch." (4 Mose 11,5) – In der Wüste, auf der Flucht aus Ägypten, fällt dieser Satz. Da sind sie gerade der Sklaverei entkommen. Den Demütigungen und Unterdrückungen durch die Ägypter. Da sehnen sie sich schon zurück nach den dicken Kürbissen. Es ist nicht nur Sache von alten Menschen zu meinen, dass die Kürbisse in der Vergangenheit immer dicker waren, als sie jetzt sind. Wer so denkt, dem schmeckt der Kürbis nicht, der gerade da ist. Weil er ja nicht so groß, so gelb, so aromatisch, so wunderbar ist wie der damals … Bewahren wir uns selber und einander vor dem ständigen Vergleichen und Abwiegen. Freuen wir uns mit unseren Kindern über die Kürbisse, die wir heute ernten. Über das, was uns heute zuwächst an Gutem und Schönen.

M3 Fürbitten

Schöpferischer Gott,
wir danken dir für alles, was du wachsen lässt.
Lass auch uns wachsen und groß werden.

Alle singen: Kyrie eleison (EG 178.9)

Wir bitten dich,
dass die Kleinen sich vor den Großen nicht fürchten müssen.

Alle singen: Kyrie eleison

Wir bitten dich,
dass die Großen sorgsam mit den Kleinen umgehen.

Alle singen: Kyrie eleison

Wir bitten dich,
dass Große und Kleine schön miteinander spielen können.

Alle singen: Kyrie eleison

Erntedank: Ein Apfel erzählt

Vorbemerkung

Viele Gefährdungen gehen an uns vorüber, ohne, dass wir sie überhaupt wahrnehmen. Gott bewahrt – davon wird in dieser Geschichte des kleinen Apfels erzählt. Gefährdungen sind „normal" in der Welt der Äpfel. Sie werden den Kindern keine Angst machen, jedoch eine Identifikation ermöglichen. Die Geschichte wird als Mitmachgeschichte erzählt.

Vorbereiten

Ein Apfel in der Hand des Erzählers, der Erzählerin.

Am Ende des Gottesdienstes bekommt jedes Kind einen Apfel.

Als Vorbereitung können die Kinder ein Lied lernen: „In einem kleinen Apfel, da sieht es lieblich aus."

Ablauf

	Inhalt	Material
1	Schlange	
2	Begrüßung, Hinweis auf die Äpfel auf dem Altar (Korb)	
3	Psalm 104 i. A. Leitvers: „Großer Gott, wir loben dich, Herr, wir preisen deine Stärke. Vor dir neigt die Erde sich und bewundert deine Werke." (EG 331, 1; zwei Verse)	M1
4	Verkündigung: Ein Apfel erzählt …	M2
5	Fürbitten: „Lebendiger Gott, du behütest …"	M3
6	Vaterunser	
7	Segen und Auszug	

M1 Aus Psalm 104

Leitvers

> Lobe den HERRN, meine Seele!
>
> HERR, mein Gott, du bist sehr herrlich;
>
> du bist schön und prächtig geschmückt.
>
> Licht ist dein Kleid, das du anhast.
>
> Du breitest den Himmel aus wie einen Teppich; …
>
> der du das Erdreich gegründet hast auf festen Boden,

Leitvers

> Du feuchtest die Berge von oben her,
>
> du machst das Land voll Früchte, die du schaffest…
>
> Die Herrlichkeit des Herrn bleibe ewiglich.
>
> Der Herr freue sich aller seiner Werke.

Leitvers

M2 Verkündigung

Zur Durchführung der Mitmachgeschichte

Die Bewegungen werden entweder von der Person, die erzählt, vorgemacht. Einfacher ist es, wenn eine Mitarbeiterin sich neben die Person, die erzählt, stellt und an den entsprechenden Stellen die Bewegungen vormacht. Es entsteht dabei immer eine kurze Erzählpause.

Apfel zeigen

> Dieser Apfel wird uns seine Geschichte erzählen. Es war ein langer gefährlicher Weg bis hierher in unsere Kirche. Der Baum, auf dem der Apfel gewachsen ist, stand im Winter im Garten und wartete auf den Frühling. Eines Tage tobte ein wilder Sturm durch den Garten.

Alle machen die Töne des Sturmes. Dann stehen sie auf.

> Der Baum ächzte und stöhnte. Er bog sich im Wind.

Alle biegen sich hin und her.

Fast wäre der Baum abgebrochen. So heftig war der Wind. Aber Gott hat den Wind eingefangen, ihn zur Ruhe gebracht. Und so konnte der Baum wieder friedlich im Garten auf den Frühling warten.

Hier kann der Leitvers gesungen werden.

Im Frühjahr streichelte die Sonne den Apfelbaum. Unter ihren freundlichen Strahlen setzte er kleine Knospen an. Dann aber kam eines nachts noch ganz spät der Frost und griff nach den Knospen. Fast wären sie erfroren.

Alle schlingen die Arme um sich, und klappern vor Kälte.

Da hielt Gott hat seine warme Hand über sie. Der Frost kehrte ins Reich des Winters zurück. Jetzt konnten sich die Blüten öffnen. Rosa und weiß und ganz zart.

Die um den Leib geschlungenen Arme werden geöffnet und zur Sonne hingestreckt.

Die Apfelblüten warteten auf den Besuch der Bienen. Aber ach, die Bienen waren krank geworden und konnten nicht fliegen. Ohne Bienen kann aus der Blüte kein Apfel werden. Da weckte Gott die Hummeln auf. „Kommt schnell, der Apfelbaum braucht euch. Die Bienen können ihn nicht bestäuben. Sie liegen krank in ihrem Bienenstock!" Die Hummeln wussten, das ist eine wichtige Aufgabe. Sie hummelten und brummelten und flogen zum Apfelbaum. Summend flogen sie von Blüte zu Blüte.

Alle summen und brummen wie die Hummeln. Man kann auch mit den Händen bzw. den Fingern den schnellen Flügelschlag der Hummel darstellen.

Und schon bald begannen die Äpfelchen zu wachsen. Klein und hart und grün hingen sie am Baum. Eines Tages kletterten Kinder auf den Baum. Er wurde gerüttelt und geschüttelt.

Die Kinder rütteln und schütteln sich als Baum.

Der kleine Apfel hatte große Angst, dass er herunterfallen würde. Dann würde er nie groß werden. Aber Gott gab ihm die Kraft, sich festzuhalten. Der kleine Apfel wusste gar nicht, dass er so viel Kraft hatte. Aber jetzt merkte er es. Und war sehr stolz auf sich.

Die Kinder halten sich ganz fest.

So hat Gott den kleinen Apfel behütet auf dem ganzen Weg von der Blüte bis zur Reife. Als er seinen Ast los ließ, um in den großen Erntekorb zu fallen, war er sehr glücklich. Denn jetzt hat er sein Ziel erreicht.

Hier kann der Leitvers gesungen werden. Dann lesen:

Und Gott sprach: Es lasse die Erde aufgehen Gras und Kraut, das Samen bringe, und fruchtbare Bäume auf Erden, die ein jeder nach seiner Art Früchte tragen, in denen ihr Same ist. Und es geschah so ... Und Gott sah, dass es gut war. Gen 1,11 f.

M3   Fürbitten

Lebendiger Gott, du behütest uns jeden Tag so heimlich,
dass wir es oft gar nicht bemerken.
Wir danken dir und bitten dich:
Bleibe bei uns. Pass weiter auf uns auf.

Alle singen: Kyrie eleison 178.9

Lebendiger Gott, du behütest uns jeden Tag so heimlich,
dass wir es oft gar nicht bemerken.
Wir bitten dich, pass gut auf die ganz kleinen Babys
und auf die ganz alten Menschen auf.
Wir bitten dich, pass gut auf unsere Eltern und Geschwister auf.

Alle singen: Kyrie eleison

Wir bitten auch: Pass gut auf die Tiere auf, den Wald.
Die Blumen und die Felder. Denn du hast unsere Welt gemacht.

Alle singen: Kyrie eleison

Reformation: Wir können füreinander bitten

Stationenspiel: Die Geschichte von Onesimus. Mit oder ohne Projekt für den Sesselkreis.

Vorbemerkungen

Dieser Gottesdienst kann im Rahmen eines Wochenprojektes zur Geschichte des Onesimus als Abschluss gefeiert werden. Dann wird täglich ein „Kapitel" der Geschichte erzählt. Die komplette Geschichte finden Sie als Download-Angebot unter www.v-r.de bei der Anzeige dieses Titels. Der Gottesdienst kann auch ohne diesen Vorlauf als Mitmachgeschichte zur Reformation gefeiert werden (M3).

Der Philemon Brief ist der privateste und kürzeste Paulusbrief. In der Lutherbibel geht er nur über eine Seite. Wenn man auch nicht die ganze Geschichte des entflohenen Sklaven Onesimus daraus rekonstruieren kann, so trägt dieser Brief doch einiges zum Thema Neuanfang bei. Deshalb kann diese Geschichte gut im Zusammenhang der Reformation erzählt werden. Sie passt auch zu jeder anderen Zeit. – Wer wegläuft, wird nicht immer freundlich empfangen, wenn er zurückkehrt. Diese Erfahrung machen schon kleine Kinder. Die Geschichte von Onesimus zeigt, dass wir einander in Gottes Namen Fürsprecher sein können. (Der Taufpate, die Taufpatin könnte gut diese Rolle einnehmen).

Dieser Gottesdienst, der die Geschichte des Onesimus in einer kleinen Bibliodramaform präsentiert, erfordert einen Raum, in dem sowohl die Stationen als auch noch ein Weg dazwischen möglich sind.

Vorbereiten

Im Vorfeld lernen die Kinder das Lied „Onesimus" (M1)

M1   Das Onesimus-Lied

Refrain   *Text und Melodie: Christine Hubka*

O - ne - si-mus, O - ne - si-mus, ver -

lie - re nicht den Mut! O - ne - si-mus, O -

ne - si-mus, es wird noch al - les

gut! Der Geld-ver - lei - her will sein Geld, die

Ern - te ist zer - stört, zum Skla - ven - markt wirst

du ge-bracht. Nie - mand dein Wei - nen hört.

2. Du kommst ins Haus des Philemon, er ist ein guter Herr.
   Doch lieber wär es dir fürwahr, du wärst kein Sklave mehr.

3. Du stiehlst das Gold, du läufst davon, die Welt ist voll Gefahr.
   Du merkst erst jetzt, wie gut für dich bei Philemon es war.

4. Du willst zurück und traust dich nicht, da fällt dir Paulus ein.
   Er nimmt dich freundlich bei sich auf, er wird dein Helfer sein.

5. Er schreibt den Brief an Philemon, du selber trägst ihn hin.
   Und Philemon empfängt dich gleich. Ja, alles ist verzieh'n.

Der Aufbau der Stationen

Fünf Stationen in der Kirche als eine Art Rundkurs. Die letzte Station sollte im Altarraum sein. Der Weg des Onesimus wird nachgegangen. Bei jeder Station wird eine Episode erzählt, dann gibt es für die Kinder etwas zu tun.

Station 1: Onesimus zu Hause

> Taschen und Körbe, die mit Kartoffeln oder anderen schweren Dingen befüllt sind, aber von den Kindern noch gehoben werden können, stehen dicht beisammen. Eine Decke ist in einiger Entfernung aufgebreitet. Ein Tamburin oder kleine Trommel

Station 2: Onesimus bei Philemon

> Haushaltsgeräte (wie Kochlöffel, Besen, Schaufel, Geschirrtuch) liegen auf einem Tisch.

Station 3: Auf der Flucht

> Eine Decke, auf der kleine Brotstücke oder Kekse liegen, ein paar Weinbeeren. So viel, dass jedes Kind ein Stückchen aufheben und essen kann.

Station 4: Bei Paulus

> Eine Schüssel und ein Krug mit Wasser. Ein A4 Blatt zusammengerollt, mit Bindfaden zugebunden, der mit Wachs versiegelt ist als Brief.

Station 5: Zurück bei Philemon

> Ein Fladenbrot und ein Becher mit Traubensaft.

Ablauf

	Inhalt	Material
1	Schlange	
2	Begrüßung: Wir gehen den Weg des Onesimus	
3	Psalm 139 i. A. Leitvers: Refrain des Onesimus-Liedes (M1)	M2
4	Verkündigung: Stationen; „Paulus bittet für Onesimus" (mit M1)	M3
5	Fürbitten: „Lebendiger Gott, du sagst ..."	M4
6	Vaterunser, Onesimus-Lied (M1)	
7	Segen und Auszug	

M2   **Aus Psalm 139**

Leitvers

HERR, du erforschest mich
und kennest mich.
Ich sitze oder stehe auf, so weißt du es;
du verstehst meine Gedanken von ferne.

Ich gehe oder liege, so bist du um mich
und siehst alle meine Wege.
Denn siehe, es ist kein Wort auf meiner Zunge,
das du, HERR, nicht schon wüsstest.
Von allen Seiten umgibst du mich
und hältst deine Hand über mir.

Leitvers

Führe ich gen Himmel, so bist du da;
bettete ich mich bei den Toten, siehe, so bist du auch da.
Nähme ich Flügel der Morgenröte
und bliebe am äußersten Meer,
so würde auch dort deine Hand mich führen
und deine Rechte mich halten.

Spräche ich: Finsternis möge mich decken
und Nacht statt Licht um mich sein –,
so wäre auch Finsternis nicht finster bei dir,
und die Nacht leuchtete wie der Tag.
Finsternis ist wie das Licht.

Leitvers

M2   **Aus Psalm 139**

M3   Verkündigung

Ablauf des Stationen Spieles

Bei jeder Station wird ein Stück der Geschichte in der Gegenwartsform erzählt und dazu die passende Handlung vollzogen. Danach wird die jeweilige Strophe des Liedes gesungen. Auf dem Weg zur nächsten Station wird der Refrain gesungen. Je nachdem, ob die Geschichte bereits erzählt wurde, wird die Erzählung bei den Stationen ausführlicher oder kürzer ausfallen.

Station 1

Onesimus lebt mit seinen Geschwistern und seinen Eltern auf einem Bauernhof. Sie helfen den Eltern bei der Arbeit.

Die Kinder tragen die schweren Gegenstände von ihrem Standort auf die ausgebreitete Decke. Sie helfen zusammen, schleppen allein …

Eines Tages kam ein schlimmes Unwetter. Es donnerte und blitzte, hagelte und stürmte. Onesimus und seine Geschwister kauerten sich hin. Machten sich ganz klein.

Mit Tamburin oder Handtrommel wird der Donner gemacht. Die Kinder kauern sich hin.

Als die Sonne wieder scheint, ist das ganze Getreide am Feld kaputt. Vom Hagel erschlagen. Nun haben sie keine Ernte. Sie können kein Getreide verkaufen. Sie können ihre Schulden dem Geldverleiher nicht zurückzahlen.

Alle singen den Refrain und die 1. Strophe. Danach gehen sie, den Refrain noch einmal wiederholend, zur nächsten Station.

Station 2

Onesimus kommt ins Haus des Philemon. Dort muss er mit den anderen Sklavinnen und Sklaven arbeiten.

Die Kinder kehren den Boden, wischen Staub, verwenden die Haushaltgeräte, die da liegen.

Es geht Onesimus gut im Haus des Philemon. Aber er ist traurig, weil er nicht bei seinen Eltern und bei seinen Geschwistern ist. Immer öfter denkt er vor dem Einschlafen: Ich will kein Sklave mehr sein. Ich werde eines Tages weg laufen.

Alle singen den Refrain und die 2. Strophe. Danach gehen sie, den Refrain wiederholend, zur nächsten Station.

Station 3

Eines Tages läuft Onesimus wirklich davon. Und er nimmt auch das Geld aus dem Arbeitszimmer des Philemon mit. In der Nacht läuft er. Am Tag schläft er. Denn schon bald bemerkt Onesimus, dass auf den Straßen Wächter sind, die den ganzen Tag nach entlaufenen Sklaven suchen. Das gestohlene Geld ist bald ausgegeben. Da sucht er Essen auf den Feldern, im Wald, auf der Straße. Aber es ist nie genug. Onesimus ist ständig hungrig.

Die Kinder klauben die Kleinigkeiten, die auf der Decke liegen, auf und essen sie.

Als Onesimus immer verzagter wird, muss er auf einmal an den alten Mann denken, an Paulus, der oft bei Philemon zu Besuch gewesen war. Onesimus nimmt sich vor: „Ich will gehen, und Paulus um Rat fragen."

Alle singen den Refrain und die 3. Strophe. Danach gehen sie, den Refrain wiederholend, zu nächsten Station.

Station 4

Paulus sitzt gerade an einem Tisch. Er hält eine Schreibfeder in der Hand. Eine Pergamentrolle liegt vor ihm. Als er Onesimus sieht, freut er sich: „Onesimus, wie schön, dass du mich besuchst. Wie geht es Philemon? Wie geht es der Gemeinde in seinem Haus? Was hast du mir mitgebracht? Eine Botschaft von Philemon. Essen? Geld?" Onesimus wird verlegen. Er traut sich gar nicht, Paulus in die Augen zu schauen. Er steckt einen Finger in den Mund und schaut auf den Boden. „Was ist denn mit dir los?", fragt Paulus. „Was hast du denn? Ist etwas passiert? Komm, setz dich her und erzähl mir!" Onesimus beginnt zu weinen. Schluchzend, stockend, erzählt er Paulus: „Ich bin davon gelaufen. Und Geld hab ich auch gestohlen. Aber jetzt hab ich gar nichts mehr. Und draußen sind so viele Männer, die nach entlaufenen Sklaven suchen. Ich fürchte mich. Aber zurückgehen trau ich mich auch nicht."

Paulus schaut zuerst ganz ernst. Dann aber lächelte er, umarmte Onesimus und sagte: „Ich will dir eine Geschichte erzählen, von Jesus. Und dann überlegen wir, was wir machen. Hab keine Angst, es wird alles wieder gut." Paulus erzählt: „Gott sagt: Du darfst immer wieder zurückkommen, wenn du weg-

gegangen bist. Ich werde dich immer freundlich empfangen." Onesimus sitzt da und hört zu. „Ich darf wieder zurückgehen", jubelte es in ihm. Aber dann kommt wieder die Angst: „Aber das Geld. Was ist mit dem Geld, das ich gestohlen habe? Ich kann es ja nicht zurück geben." „Das Geld, das werde ich dem Philemon für dich zurückgeben. Mach dir darum keine Sorgen", sagt Paulus. Und dann tauft er ihn im Namen Gottes, des Vaters, des Sohnes und des Heiligen Geistes.

Wasser wird in die Schüssel geleert. Es passt durchaus zum Stimmungswandel in der Geschichte, die Kinder ein wenig anzuspritzen. Alle singen den Refrain und die 4. Strophe. Danach gehen sie, den Refrain singend, zu nächsten Station.

Station 5

Am nächsten Tag läuft Onesimus, so schnell er kann, zurück zu Philemon. Er hat einen Brief in der Tasche. Gegen Abend kommt er beim Haus des Philemon an. Jetzt hat er doch Herzklopfen. Zaghaft öffnete er die Tür. Mit gesenktem Kopf schleicht er zu Philemons Arbeitszimmer. Ganz leise macht er die Tür auf und huscht hinein. Zuerst merkt Philemon gar nicht, dass Onesimus eingetreten ist. Als er es merkt, sieht er erstaunt aus, dann immer finsterer. „Du Ausreißer. Du Dieb. Na warte!" Onesimus reicht ihm den Brief. „Bitte lies", flüstert er. Kopfschüttelnd öffnet Philemon das Siegel. Onesimus beobachtet ängstlich sein Gesicht. Schließlich schaut Philemon auf. Er lächelt. „Also, du willst auch zu Jesus gehören? Dann bist du ja ein Bruder geworden. Ein Bruder im Glauben. Ich will dir verzeihen. Und das Geld, das wird Paulus für dich bezahlen. Da hast du dir ja den richtigen Fürsprecher ausgesucht. Aber jetzt: Schnell ins Bett, du wirst müde sein." „Darf ich wieder für dich arbeiten?", fragt Onesimus leise. „Ich möchte gern alles tun, damit du zufrieden mit mir bist." „Darüber reden wir morgen", sagt Philemon und streicht ihm über den Kopf. Von da an darf Onesimus mit den anderen im Haus das Abendmahl einnehmen, wenn sie zusammenkommen in Jesu Namen.

Die Kinder bekommen Brot und Traubensaft. Alle singen den Refrain und die 5. Strophe.

M4 Gebet

Lebendiger Gott,

du sagst, dass wir immer wieder zurückkommen dürfen.

Dass wir immer wieder neu anfangen dürfen.

Wir bitten dich:

Höre, wenn wir füreinander bitten und beten.

Wir bitten dich für alle, die Angst haben,

weil sie etwas angestellt haben.

Wir bitten dich für alle, die davonlaufen.

Gib ihnen den Mut, wieder nach Hause zu gehen.

Wir bitten dich für alle, die schimpfen.

Dass sie wieder aufhören können.

Palmsonntag: Mit Jesus nach Jerusalem einziehen

Vorbemerkung

In der römisch katholischen Tradition wird der Palmsonntag schon lange als Familiensonntag begangen. Die Familien tragen geweihte Weidenkätzchensträuße nach Hause und begehen damit sehr bewusst den Beginn der Karwoche. In der evangelischen Tradition werden Gegenstände nicht „geweiht", gesegnet werden nur Menschen. Es spricht aber nichts dagegen, die Symbolik der Weidenkätzchenzweige aufzugreifen und damit ein sichtbares Zeichen zu Beginn der Heiligen Woche zu setzen.

Der Einzug Jesu in Jerusalem eignet sich von allen Teilen der Passionsgeschichte wohl am besten für Kinder. Nicht nur der Jubel und die Zustimmung, sondern auch der schnelle Wechsel von Freundschaft und Aufkündigung der Freundschaft ist Kindern schon in jungen Jahren geläufig. Und dass es nicht nur Freunde und Freundinnen gibt in einer Gruppe.

Vorbereiten

Pro Kind einen Weidenkätzchenzweig

Aus einer braunen Papiertüte wird ein Eselskopf gemacht: Löcher für die Augen schneiden, Ohren ankleben, und ein paar Wollfäden als Mähne. Diesen Kopf trägt eine Mitarbeiterin, wenn sie mit den Kindern nach Jerusalem einzieht. Sie kann natürlich auch noch eine schwarze Hose und einen schwarzen Pullover tragen und einen aus Wolle geflochtenen Schwanz in die Hose stecken. (Ist aber nicht unbedingt nötig, wichtig ist der Kopf)

Kinder lernen vorab den Hosianna-Vers EG 314 (Hosianna heißt: Hilf doch!) sowie den Leitvers. (Zion heißt der Berg, auf dem Jerusalem gebaut ist).

Ablauf

	Inhalt	Material
1	Schlange	
2	Begrüßung	
3	Sacharja 9 i. A. Leitvers: „Tochter Zion, freue dich; jauchze laut, Jerusa-lem" (EG 13, Verse 1 und 2)	M1
4	Verkündigung: Jesus zieht in Jerusalem ein – und wir gehen mit; evtl. im Anschluss das „Kindermutmachlied".	M2
5	Fürbitten: „Lebendiger Gott, ich freu mich …"	M3
6	Vaterunser; danach erhält jedes Kind seinen Zweig.	
7	Segen und Auszug	

M1   Prophezeiung aus Sacharja 9

Leitvers

Du, Tochter Zion, freue dich sehr,
und du, Tochter Jerusalem, jauchze!
Siehe, dein König kommt zu dir,
ein Gerechter und ein Helfer,
arm und reitet auf einem Esel …

Leitvers

Er wird Frieden gebieten den Völkern,
und seine Herrschaft wird sein von einem Meer bis zum andern
und vom Strom bis an die Enden der Erde.

Leitvers

M2 Verkündigung

Jesus und seine Jüngerinnen und Jünger wollten wie viele andere auch zum großen Fest nach Jerusalem gehen. Sie sind lange zu Fuß gegangen. Waren schon ganz heiß und staubig. Und wohl auch durstig. Je näher sie zur Stadt kamen, desto mehr Menschen waren auf dem Weg. Beim letzten Dorf vor der Stadt borgte sich Jesus einen Esel aus. Er setzte sich auf den Esel. Seine Jüngerinnen und Jünger konnten ganz leicht nebenher gehen. So ein Esel läuft nicht schnell. Manchmal läuft er gar nicht. Wenn er eine leckere Distel am Wegrand entdeckt, bleibt er stehen und nascht an der Distel. Kein Ritter, kein Kämpfer würde in den Krieg ziehen und auf einem Esel reiten. Da würde er nie rechtzeitig im Krieg ankommen.

Die meisten Menschen waren zu Fuß unterwegs. Da fiel Jesus auf seinem Esel schon auf. Die Leute schauten genauer hin. Manche wurden neugierig und fragten die Jüngerinnen und Jünger: „Wer ist denn das, der Mann auf dem Esel?" „Jesus von Nazareth ist das. Gott hat ihn zu uns geschickt, damit er uns hilft", war die Antwort. Andere erkannten ihn, ohne dass sie fragen mussten. Sie hatten ihm zugehört, wenn er auf dem Marktplatz Geschichten von Gott erzählte. Sie kannten jemanden, den er geheilt hatte. Und so geschah es, dass die Leute stehen blieben und Jesus und seine Jüngerinnen und Jünger vorangehen ließen. Bald gingen sie hinter dem Esel her, auf dem Jesus saß. Alle gingen gemeinsam zur Stadt Jerusalem hin.

Mitarbeiter / Mitarbeiterin setzt die Papiertüte, den Eselskopf, auf. Die Kinder und alle anderen reihen sich dahinter ein. Der Zug geht geführt vom „Esel" durch die Kirche. Dazu wird EG 314 gesungen: VorsängerIn singt vom Kirchenmikrophon die Strophen. Dann antwortet der Zug mit dem Hosianna- Refrain. Wenn das Lied beendet ist, bleibt der Zug stehen.

Die Jüngerinnen und Jünger waren wohl sehr stolz und glücklich über diesen Empfang ihres Herrn Jesus. Jesus aber ahnte schon, dass dieselben Leute später rufen würden: „Weg mit ihm! Weg mit ihm!" Jesus weiß, wie sich das anfühlt, wenn Freunde plötzlich keine Freunde sind. Darum versteht er auch, wenn uns das traurig macht. Und er weiß auch, wie froh wir sind, wenn einer sagt: „Ich mag dich, du!"

Hier kann das Kinder-Mut-Mach-Lied gesungen werden.

M3 Fürbitten

Lebendiger Gott,

ich freu mich, wenn jemand freundlich zu mir ist.

Ich bin traurig, wenn jemand, böse Worte zu mir sagt.

Wir bitten dich, für die Menschen,

zu denen niemand ein liebes Wort sagt.

Alle singen Hosianna ... (Leitvers)

Wenn wir streiten und andere traurig machen,

hilf uns, danach wieder freundliche Worte zu finden.

Alle singen Hosianna ... (Leitvers)

Thema: Miteinander klarkommen (Abraham und Lot)

Vorbemerkung

Kinder streiten. Konfliktlösungen zu finden gehört zu den elementaren Interventionen der PädagogInnen und zu den grundsätzlichen Zielen der Vorschulerziehung. Streit und Konflikt gibt es auch unter Erwachsenen. Kinder leiden darunter, wenn die eigenen Eltern häufig aneinander geraten.

Die Geschichte von Abraham und Lot, die sich wegen der Streitigkeiten ihrer Hirten trennen, kann Kindern deutlich machen, dass Trennung eine Möglichkeit ist, Streit zu beenden. Die Tatsache, dass es Streit gibt, soll ohne moralische Bewertung als gegeben dargestellt werden.

Vorbereiten

► Die Kinder lernen im Vorfeld das Abraham-Lied, EG 311
► Zwei blaue Tücher als Wasserquellen.

Ablauf

	Inhalt	Material
1	Schlange	
2	Begrüßung: Ansage des Themas – „ … oder streitet ihr nie?!"	
3	Psalm 103 i. A. Leitvers: Refrain des Abraham-Liedes (Vorsänger / alle)	M1
4	Verkündigung: Abraham und Lot finden einen Ausweg; Abraham-Lied	M2
5	Fürbitten: „Lebendiger Gott, du schenkst …"	M3
6	Vaterunser, Lied: „Gottes Liebe ist so wunderbar …"	
7	Segen und Auszug	

M1 Aus Psalm 103

Leitvers

Lobe den Herrn, meine Seele,
und was in mir ist, seinen heiligen Namen.
Lobe den Herrn, meine Seele,
und vergiss nicht, was er dir Gutes getan hat.

Leitvers

Der Herr schafft Gerechtigkeit und Recht
allen, die Unrecht leiden …

Leitvers

Barmherzig und gnädig ist der Herr.
Geduldig und von großer Güte.

Leitvers

M2 Verkündigung

Zwei Gruppen von Kindern bilden zwei Schafherden. Jede wird von einer Mitarbeiterin, einem Mitarbeiter angeführt. Ein blaues Tuch liegt als „Wasserstelle" vor dem Altar.

Hört von einem Streit und wie er gelöst worden ist: Abraham ist der Onkel. Lot ist der Neffe.

Um die Begriffe sicher zu stellen, fragen: Wer von beiden ist der Ältere?

Beide haben viele Hirten. Beide haben viele Schafe. Aber sie leben zusammen. Sie ziehen zusammen von Weideplatz zu Weideplatz. Sie schlagen nebeneinander ihre Lager auf. Am Abend sitzen sie zusammen ums Lagerfeuer und erzählen Geschichten, singen Lieder. Aber eines Tages passiert etwas auf einem neuen Weideplatz …

Ab hier wird mitgespielt.

Lots Hirten kommen mit ihren Herden.

Die erste Gruppe „Schafe" kommt, angeführt von einer Betreuungsperson, zum blauen Tuch.

Heute ist es besonders heiß. Heute sind die Schafe besonders durstig. Sie trinken das ganze Wasser.

Tuch wegnehmen.

Gruppe geht zufrieden weg.

Die andere Gruppe – Abrahams Hirten – kommt mir ihren Herden. Kein Wasser da. Alles aufgebraucht von Lots Herden.

Die zweite Gruppe kommt zu dem Platz, wo das Tuch gelegen hat. Bleibt kurz stehen. Geht wieder weg.

Am anderen Tag ist es umgekehrt. Da kommen Abrahams Hirten zuerst.

Tuch liegt wieder da. Abrahams Schafe bleiben kurz, um zu „trinken". Gehen wieder weg. Tuch wird weggenommen.

Danach kommen Lots Hirten.

Gruppe kommt.

Das Wasser ist weg. Ausgetrunken.

Gruppe geht.

Am dritten Tag kommen sie alle gleichzeitig zum Wasser. Die einen stehen auf der einen Seite. Die anderen auf der anderen Seite. Wer bekommt heut das kostbare Wasser? Wer muss heute durstig bleiben? Sie beginnen zu streiten.

Die Kinder blöken hin und her. Es darf ruhig laut sein! Nach einer Weile stoppen. Ruhe einkehren lassen.

Was nun? Was sollen sie machen? Teilen geht nicht; das Wasser reicht nicht für beide Herden (Kinder beraten) – Hört, was Abraham für eine Lösung fand; es steht hier, in unserer dicken Bibel …

Lesen: 1 Mose 13,2.5 –9 (Unterbrechung nach Vers 7a – aufmerksam machen: Jetzt kommt die Lösung!); Nachgespräch

Schlussbild

Die beiden „Herden" treten noch einmal auf: An zwei verschiedene Stellen im Raum wird je ein blaues Tuch gelegt. Jede Herde geht zu einem Tuch und lagert sich dort gemütlich.

Seit dieser Lösung haben sie sich immer gefreut, wenn sie einander getroffen haben. Dann haben sie gemeinsam gelagert und gegessen, Geschichten erzählt und gesungen. Danach sind sie wieder weitergezogen. Die einen hierhin. Die anderen dorthin.

M3   Fürbitten

Lebendiger Gott,
du schenkst uns gute Ideen jeden Tag.
Darum bitten wir dich,
dass wir auch gute Ideen haben,
wenn wir streiten.
Dass uns etwas einfällt,
wie wir den Streit beenden können,
so dass keiner traurig sein muss.

Wenn Erwachsene streiten, macht uns das Angst.
Wir bitten dich, dass auch sie gute Ideen haben,
wie sie wieder aufhören können.

Wir danken dir, dass hier bei uns für alle genug Wasser ist.
Wir bitten dich für die Menschen,
in deren Land zu wenig Wasser ist
für die Menschen, für die Tiere, für die Pflanzen.
Schenke ihnen den Regen,
den sie so dringend brauchen.

Amen.

Thema: Jeder Mensch ist wie eine Rose (Jesus und die „Hure")

Vorbemerkung

„Du bist ein schlimmes Kind!". „Sie ist so ein braves Baby." Hyperaktiv. Schüchtern. Musikalisch. Ungeschickt … Vom ersten Tag an werden Kinder mit Etiketten versehen. Sie bekommen bestimmte Eigenschaften als typisch für ihre Person zugeschrieben. Andere Eigenschaften werden übersehen, manche Fähigkeiten und Möglichkeiten nicht gewürdigt. Kinder übernehmen für sich selbst diese Zuschreibungen. Manche prägen das Erwachsenenleben; „Ich kann nicht singen." „Ich hab nie zeichnen können." In der Kindheit wurde dieses Selbstbild geprägt. Kinder in Gruppen übernehmen schnell die Zuschreibungen der Erwachsenen in Bezug auf andere Kinder: „Der Jojo ist schlimm." „Die Anna ist eine Heulsuse." Wenn die BetreuerInnen solche Sätze sagen, werden diese von den Kindern aufgenommen und prägen ihre Sicht auf Jojo und Anna. – Die Geschichte von der Sünderin, die Jesus die Füße salbt (Lk 7,36 ff.) macht Mut, die „anderen Seiten" und Möglichkeiten eines Menschen wahrzunehmen.

Vorbereiten

- ▶ Eine möglichst langstielige Rose
- ▶ Papiertüte oder Stoffbeutel, um die Blüte der Rose zu verhüllen
- ▶ Abfalleimer, Papierkorb oder Ähnliches
- ▶ Vase für die Rose, mit Wasser gefüllt.
- ▶ Wenn möglich, für jedes Kind eine kleine (Tee-)Rose

Ablauf

	Inhalt	Material
1	Schlange	
2	Begrüßung	
3	Psalm 139 i. A. Leitvers: „Gottes Liebe ist so wunderbar, Gottes Liebe ist so wunderbar, Gottes Liebe ist so wunderbar, so wunderbar groß."	M1
4	Verkündigung: Geschichte nach Lk 7,36–50; Halleluja aus EG 103	M2
5	Fürbitten: „Lebendiger Gott, du lässt …"	M3
6	Vaterunser	
7	Segen und Auszug	

M1   Aus Psalm 139

Leitvers

> HERR, du erforschest mich
> und kennest mich.
> Ich sitze oder stehe auf, so weißt du es;
> du verstehst meine Gedanken von ferne.

Leitvers

> Ich gehe oder liege, so bist du um mich
> und siehst alle meine Wege.
> Denn siehe, es ist kein Wort auf meiner Zunge,
> das du, HERR, nicht schon wüsstest.
> Von allen Seiten umgibst du mich
> und hältst deine Hand über mir.
> Diese Erkenntnis ist mir zu wunderbar und zu hoch,
> ich kann sie nicht begreifen.

Leitvers

Wenn jedes Kind eine Rose bekommt, werden die Rosen jetzt ausgeteilt.

M2 Verkündigung

Die Rose mit verhüllter Blüte wird gezeigt.

> Ich habe da einen grünen Stängel. Er ist recht fest und hart. Ganz viele Dornen, Stacheln sind da drauf.

ErzählerIn tut so, als würde er / sie in den Finger gestochen.

> Au, jetzt hat mich dieser Stängel gestochen. So ein Stängel ist zu nichts gut, außer dass man sich damit in den Finger sticht. Soll ich ihn wegwerfen?

Beratung der Kinder. Erkennen sie die Rose? Die Blüte wird enthüllt, die Zartheit der Blüten-blätter, der Duft, die wunderbare Farbe werden bestaunt.

> So ist es auch mit Menschen. Wir sehen manchmal nur ihre stacheligen Teile. Manchmal sehen wir die schöne Blüte nicht. Jesus hat bei einer Frau die schöne Blüte gesehen, wo alle Leute nur die stacheligen Teile bemerkt haben. Das war so:
>
> Jesus war zu Gast bei einem sehr klugen und angesehenen Mann. Solche Leute hat man damals Pharisäer genannt. Dieser Mann hat sich sehr bemüht, immer alles richtig zu machen. Als sie bei Tisch saßen, ist ganz heimlich eine Frau ins Zimmer gekommen. Sie hat in ihrem Leben viel falsch gemacht. Sie hat viele stachelige Dinge getan, die andere Menschen traurig gemacht haben. Jetzt aber hockt sie ganz leise hinter Jesus. Sie weint, weil alle immer nur ihre stacheligen Seiten sehen. Sie weint, weil sie niemandem wehtun will. Sie weint, weil sie Jesus lieb hat und weil sie fürchtet, dass er auch nur ihre stacheligen Teile bemerken wird.
>
> Die Tränen fallen auf die Füße von Jesus. Die Frau hat wunderschöne lange Haare. Sie wischt die Tränen mit ihren Haaren von den Füßen. Vom vielen Gehen hat Jesus ganz heiße Füße. Sie nimmt eine ganz kostbare, teure Salbe und cremt Jesus die Füße ein. Das kühlt. Das tut gut.
>
> Aber der Pharisäer schimpft mit der Frau. „Geh weg", sagt er. „So eine wie du hat hier nichts zu suchen." Er traut sich nicht, mit Jesus zu schimpfen. Aber er denkt sich: Das ist unerhört, wie er sich von ihr berühren lässt. Jesus aber sagt: „Weißt du, Simon: Diese Frau hat nicht nur stachelige Teile. Sie hat nicht nur einigen Menschen weh getan. Sie kann auch sehr viel Liebe geben."

Jeder Mensch ist wie eine Rose. Jeder Mensch hat stachelige Teile und schöne Blüten. Gott sieht beides. Gott geht ganz behutsam mit uns um.

Die Kinder stellen ihre Rosen in die vorbereitete Vase zur großen Rose dazu. Alle singen: Halleluja-ha-ha EG 103

M3 Fürbitten

Lebendiger Gott,
du lässt die Rosen wachsen.
Du hast ihnen Dornen und Blüten gegeben.
Und die schönen Farben.
Und den süßen Duft.

Du lässt uns wachsen. Wir werden immer größer.
Wir sind deine Rosen.
Wir danken dir, dass wir spielen
und lachen können.

Wir danken dir, dass wir Tränen haben,
die zeigen, wenn wir traurig sind.
Wir danken dir, dass wir schreien können,
wenn etwas weh tut.

Wir bitten dich,
dass jeder Mensch jemanden hat,
der ihn ansieht wie eine blühende Rose:
staunend, bewundernd, freundlich.

Thema: Geborgen unter Gottes Flügeln

Vorbemerkung

Sowohl in der Bibel als auch in der frühen christlichen Kunst spielen Vögel eine bedeutende Rolle: Matthäus erzählt, dass Jesus kurz vor seinem Tod klagt: „Jerusalem, Jerusalem, die du tötest die Propheten und steinigst, die zu dir gesandt werden; wie oft habe ich deine Kinder versammeln wollen wie eine Henne ihre Küken unter ihre Flügel und ihr habt nicht gewollt!" (Lk 13,34). In den poetischen Texten des Alten Testamentes wird Gott mit einem Adler verglichen, unter dessen Flügeln die Menschen Zuflucht finden können.

Dieser Gottesdienst macht den Kindern viel Spaß – sie dürfen sich in der Kirche bewegen. Aber sie werden auch immer wieder ganz still sein.

Vorbereiten

- ▶ Für jedes Kind eine Papp-/Spielzeugpfeife. Die Kinder können sie auch von daheim mitbringen. Oder Sie basteln sie mit den Kindern selber (z.B. http://www.aufwachsen.de/50226711/eine_papierpfeife_basteln.php).
- ▶ Große Decke/großes Leintuch oder Schwungtuch.
- ▶ Tamburin oder Topf zum Draufschlagen, eine kleine Trommel oder Ähnliches

Ablauf

	Inhalt	Material
1	Schlange	
2	Begrüßung – mit einer Vogelfeder; Assoziationen: fliegen, Flügel …	
3	Psalm 91 i. A. Leitvers: „Alle Vögel sind schon da, alle Vögel, alle."	M1
4	Verkündigung: „Geborgen unter deinen Flügeln"	M2
5	Fürbitten: „Lebendiger Gott, du beschützt uns …"	M3
6	Vaterunser	
7	Segen und Auszug	

M1   Aus Psalm 91

Leitvers

Wer unter dem Schirm des Höchsten sitzt

und unter dem Schatten des Allmächtigen bleibt,

der spricht zu dem HERRN:

Meine Zuversicht und meine Burg,

mein Gott, auf den ich hoffe…

Er wird dich mit seinen Fittichen decken,

und Zuflucht wirst du haben unter seinen Flügeln…

Leitvers

Denn der HERR ist deine Zuversicht,

der Höchste ist deine Zuflucht.

Denn er hat seinen Engeln befohlen,

dass sie dich behüten auf allen deinen Wegen,

dass sie dich auf den Händen tragen

und du deinen Fuß nicht an einen Stein stoßest.

Leitvers

M2 Verkündigung

> In jenen Tagen sprach Jesus: „Jerusalem, Jerusalem, …, wie oft habe ich deine
> Kinder versammeln wollen wie eine Henne ihre Küken unter ihre Flügel und ihr
> habt nicht gewollt!" Lk 13,34

*Kinder auf dem Land wissen, wie das aussieht, wenn Küken sich unter die Flügel der Henne
flüchten. Kindern in der Stadt wird man es erzählen müssen:*

> Wie die Küken lustig herumlaufen und Körner picken, Wasser trinken. Sie
> piepsen und laufen. Dann kommt ein Gewitter. Es blitzt und donnert. – Hier ein
> Schlag auf das Tamburin – Die Henne breitet die Flügel aus … und die Küken
> laufen ganz schnell und verstecken sich dort. Es gibt kein Küken, das draußen
> bleiben will. Unter den Flügeln sind alle Küken ganz still. Keines piepst mehr.

*Jetzt dürfen die Kinder die Küken sein. Sie blasen in ihre Pfeifen und wuseln in der Kirche
herum.*

*Ein Schlag aufs Tamburin, die Trommel oder einen Topf – sie laufen zum Altarraum. Dort
wird das große Tuch, die Decke von MitarbeiterInnen gerade so hoch über den Boden gehalten, dass die Kinder darunter schlüpfen können. Unter dem Tuch sind alle Kinder ganz still.
Keines spricht. Keines pfeift.*

*Wenn die „Gefahr" vorbei ist, kann das Ganze noch einmal gemacht werden. Die Kinder
werden die Wiederholung lieben. Wenn sie das zweite Mal Zuflucht gefunden haben, wird
das Tuch entfernt. Die Kinder bleiben an Ort und Stelle.*

Das kurze Wort Lk 13,34 wird noch einmal vorgelesen.

Abschluss

> So wie die Küken zur Henne laufen, so können wir zu Gott / zu Jesus laufen,
> wenn wir Angst haben.

M3   Fürbitten

Lebendiger Gott, du beschützt uns,
wie eine Vogelmama ihre Jungen beschützt.
Wir bitten dich,
pass gut auf unsere Eltern auf. Auf die Großeltern.
Auf die Geschwister. Auf unsere Freunde.

Alle singen Kyrie eleison (EG 178.9)

Lebendiger Gott, du beschützt uns,
wie eine Vogelmama ihre Jungen beschützt.
Danke, dass du auf uns aufpasst,
wenn wir Angst haben.

Alle singen Kyrie eleison

Thema: Wie die Lilien auf dem Feld

Vorbemerkung

Kinder wollen bewundert werden: Die Mädchen sind stolz auf ihre Haare, auf die Kämme und Klammern mit den aktuellen „Hallo Kitty"-Bildern und Logos drauf. In manchen Kindergärten gibt es eine regelrechte Modeschau. Manche Kleidung – auch Markenkleidung – ist „cool", wer dazu gehören will, muss sie tragen. Das gilt auch für die Jungen. Manche Spielsachen „braucht man einfach", um anerkannt zu sein. Die Jungen wollen am schnellsten laufen können, höher als alle irgendwo hinauf klettern.

Die Rede Jesu von den Lilien auf dem Feld richtet die Aufmerksamkeit darauf, dass Schönheit jedem Geschöpf Gottes gegeben ist. Nicht uniforme Schönheit, wie die Mode sie diktiert, sondern individuelle Schönheit.

Vorbereiten

Die Vorbereitung für diesen Gottesdienst dauert etwas länger. Dafür können die Papierblumen noch eine Weile den Gruppenraum schmücken und an den Gottesdienst erinnern.

▶ Zwei Tische mit weißem Tischtuch im Altarraum; darauf:

▶ Drei Tonschalen mit Sand, in deren Mitte ein Flasche im Sand steckt

▶ Drei große Papierblumen gelb (= Löwenzahn), weiß (= Gänseblümchen), lila (= Distel) mit verschieden langen Stielen

▶ Wenn es möglich ist, auch je ein echtes Gänseblümchen, ein echter Löwenzahn, eine echte Distel

▶ Viele kleine Blumen in den Farben der großen Blumen mit kurzen Stängeln (für ca. 1/3 der Kinder jeweils eine Farbe). Die älteren Kinder können bei der Herstellung mithelfen.

▶ Rasseln, Tamburin, Klanghölzer etc. liegen auf den Tischen bereit

Ablauf

	Inhalt	Material
1	Schlange	
2	Begrüßung	
3	Psalm 104 i. A. Leitvers: „Ich will dem Herrn singen." (EG 340)	M1
4	Verkündigung: Geschichte nach Mt 6,28–30	M2
5	Fürbitten: „Lebendiger Gott, du hast deine Welt schön gemacht …"; mit Halleluja aus EG 103	M3
6	Vaterunser	
7	Segen und Auszug	

M1   Aus Psalm 104

Leitvers

Lobe den HERRN, meine Seele!
HERR, mein Gott, du bist sehr herrlich. (…)
Du lässest Gras wachsen für das Vieh
und Saat zu Nutzen den Menschen,
dass du Brot aus der Erde hervorbringst,
dass der Wein erfreue des Menschen Herz
und sein Antlitz schön werde vom Öl:

Leitvers

Die Herrlichkeit des HERRN bleibe ewiglich,
der HERR freue sich seiner Werke! (…)
Ich will dem HERRN singen mein Leben lang
und meinen Gott loben, solange ich bin.

Leitvers

M2   Verkündigung

Vorlesen: Mt 6,28b–30

Das Gänseblümchen, die Distel, den Löwenzahn nennen die Leute Unkraut. Niemand will sie in die Vase stellen. Niemand will sie im Garten haben. Aber du freust dich, wenn dir jemand einen Gänseblümchen Kranz windet. Du magst es, wenn der Löwenzahn ganz weiß wird und du in die Pusteblume hineinblasen kannst. Und die kleinen Schirmchen davon fliegen. Dir gefällt die Farbe der Distel, aber vor ihren Stacheln hast du Respekt.

Jesus sagt: Du bist so schön wie das Gänseblümchen. Mit dir kann man so lustig spielen, wie mit der Pusteblume. Du so interessant wie die Distel. – Lassen wir sie selber erzählen …

Ein Kind kommt nach vorn und hält die große gelbe Blume.

Löwenzahn: Mein Stängel ist zu dick, sagen die anderen Blumen. Ihnen gefallen die dünnen biegsamen Stängel besser. Und wenn mein Köpfchen weiß wird, dann spotten sie über mich. Aber ich freu mich, dass die Kinder mich lieben und gern mit mir spielen.

Das Kind steckt seine Blume in eine Flasche. Kinder, die eine gelbe Blume haben, werden eingeladen, nach vorn zu kommen. Stecken ihre Blume ins Gefäß zur großen Blume. Nehmen eine Rassel. Alle singen den Leitvers

Ein Kind kommt nach vorn und nimmt die große Blume, die für das Gänseblümchen steht.

Gänseblümchen: Mein Stängel ist zwar zart und dünn. Aber er ist viel zu kurz sagen die anderen Blumen, die mit den langen schlanken Stängeln. Und meine Blütenblätter sind zwar hübsch, aber längst nicht so schön wie die der Rose. Oder die Blüten der Tulpe. Aber ich freu mich, wenn Kinder ein Kränzchen mit mir flechten.

Kind steckt Blume in die mittlere Schale in die Flasche. Kinder, die eine weiße Blume haben, werden einladen, nach vorn zu kommen. Stecken ihre Blume ins Gefäß zur großen Blume. Nehmen eine Rassel. Alle singen den Leitvers.

Ein Kind kommt nach vorn und hält die Blume, die für die Distel steht.

Distel: Mich nennen sie Unkraut, weil ich so stachelig bin. Aber manchmal bleibt jemand stehen und schaut auf meine Blüte. Und sieht, was für eine schöne Farbe ich habe. Dann wird mir ganz warm vor Freude und meine Blüte strahlt noch mehr im Sonnenlicht.

Das Kind steckt Blume in die letzte Flasche. Kinder, die eine lila Blume haben, werden einladen, nach vorn zu kommen. Stecken ihre Blume ins Gefäß zur großen Blume. Nehmen eine Rassel. Alle singen den Leitvers

Jesus sagt: Schaut die Lilien auf dem Feld an … – Mindestens so schön wie diese Blumen ist jeder Mensch. Genauso besonders wie diese Blumen ist die Schönheit der Menschen. Lob sei Gott in Ewigkeit.

M3 Fürbitten

Lebendiger Gott,
du hast deine Welt schön gemacht.
Lass und immer wieder staunen wie schön sie sind.
Wir loben dich und singen:

EG 103 Halleluja-ha-ha (Refrain)

Wir danken dir,
dass du jeden Menschen schön gemacht hast.
So verschieden wie die Blumen sind auch wir.
Manche sind groß, manche sind klein.
Wir haben blonde und braune,
Schwarze und rote Haare.
Und ganz verschiedene Ohren und Nasen.
Wir freuen uns darüber, dass wir so verschieden sind.
Wir loben dich und singen:

EG 103 Halleluja-ha-ha

Thema: Gott ist im stillen sanften Sausen

Vorbemerkung

Wenn im Kasperletheater das Krokodil sich von hinten an den Kasperl anschleicht, dann müssen die Kinder ganz laut schreien, damit der Kasperl gerettet wird und rechtzeitig dem Krokodil mit dem Knüppel auf den Kopf schlagen kann. Wenn in der Bauecke ein Streit ausbricht, wird es laut. Auch die Puppenecke kennt lautstarke Auseinandersetzungen, die manchmal auch in Handgreiflichkeiten münden. Selbst die Pädagoginnen in der Tagesstätte machen sich mit lauter Stimme bemerkbar, wenn es nicht anders geht. Gottes Stimme ist leise. So leise, dass wir Menschen sehr still werden müssen, um sie zu vernehmen, wie die Geschichte des Propheten Elia erzählt.

Vorbereiten

Diesen Gottesdienst kann man ohne jeden Aufwand feiern. Die Kinder werden spontan alles dazu beitragen, was nötig ist.

Ablauf

	Inhalt	Material
1	Schlange	
2	Begrüßung; beim gegenseitigen Begrüßen die Lautstärke wechseln	
3	Psalm 46 i. A. Leitvers: „Ein feste Burg ist unser Gott." (EG 362, Vers 1)	M1
4	Verkündigung: Elia begegnet Gott (1 Könige 19)	M2
5	Fürbitten: „Gott, deine Stimme ist leise …"	M3
6	Vaterunser	
7	Segen und Auszug	

M1   Aus Psalm 46

Leitvers

Gott ist unsre Zuversicht und Stärke, …
Darum fürchten wir uns nicht, …

Leitvers

Darum soll die Stadt Gottes fein lustig bleiben
mit ihren Brünnlein,
da die heiligen Wohnungen des Höchsten sind. (…)
Gott hilft ihr früh am Morgen.
Seid stille und erkennet, dass ich Gott bin!

Leitvers

M2   Verkündigung

Elia war ein kluger Mann. Er bemerkte, dass der König und die Königin nicht gut regierten. Das haben andere Leute auch bemerkt. Aber niemand traute sich, dem König und der Königin zu sagen: „Du bist ein schlechter König!" „Du bist eine schlechte Königin!" Denn der König und die Königin haben ganz schlimme Dinge mit den Leuten gemacht, die sich nicht vor ihnen verbeugt haben oder auf die Knie gefallen sind.

Elia war ein Mann, der mutig war. Er ging zum König und zur Königin. Und er hat ihnen genau das gesagt, was die anderen sich nicht getraut haben: „Du bist ein schlechter König!" „Du bist eine schlechte Königin!"

Elia war ein starker Mann. Er hat mit denen gekämpft, die dem König und der Königin gesagt haben: „Du bist ein guter König!" „Du bist eine gute Königin!" Auch diese Leute wussten, dass das nicht stimmt. Aber sie sagten es trotzdem, denn der König und die Königin belohnten sie dafür, wenn sie das sagten. Sie bekamen Gold und Silber und einflussreiche Positionen im Königreich. Elia kämpfte also. Er setzte seine ganze Kraft ein. Er schrie und tobte. Rannte hin und her. Er nahm ein Schwert und begann alle, die dem König und der Köni-

gin sagten „Du bist ein guter König!", „Du bist eine gute Königin!" mit dem Schwert zu töten. Er schrie dabei: „Ich tue es im Namen Gottes, der nicht will, dass schlechte Könige regieren."

Da wurde die Königin sehr zornig und sie ließ ihm ausrichten: „Weil du das getan hast, werde ich dich töten." Auf einmal war Elia nicht mehr mutig. Er fürchtete sich sehr und lief davon. Auf einmal war Elia nicht mehr stark. Er war sehr müde und sehr hungrig. Auf einmal wusste Elia nicht mehr, ob Gott wirklich keine schlechten Könige und Königinnen will. Er fragte: „Wer bist du, Gott, dass ich jetzt davon laufen muss. Ich habe so stark für dich gekämpft. Wieso hast du nicht an meiner Seite mitgekämpft?"

Da sprach Gott zu Elia: „Geh auf einen hohen Berg und stell dich dort in eine Höhle. Und ich werde zu dir kommen." Elia ging also auf einen hohen Berg. Und er stand am Eingang der Höhle und wartete, dass Gott zu ihm käme. Und es kam ein großer starker Wind, ein heftiger Sturm.

Die Kinder lassen den Sturm brausen, indem sie heftig blasen und hui sagen.

Die Berge wankten, so stark war der Sturm. Aber Elia sah: Gott ist nicht in diesem schrecklichen Sturm. Nach dem Wind kam ein Erbeben.

Die Kinder trampeln und lassen die Erde beben.

Die Felsen zitterten und schwankten. Elia konnte kaum aufrecht stehen bleiben. Aber Elia sah: Gott ist nicht in diesem beängstigten Erdbeben. Nach dem Erdbeben kam ein großes Feuer. Die Flammen zischten und loderten empor.

Die Kinder lassen das Feuer zischen, indem sie immer wieder aufstehen und sich niedersetzen und dazu zischende Geräusche machen und die Hände in die Höhe geben.

Elia fürchtete sich vor dem Feuer. Er hatte Angst, dass es ihn verbrennen würde. Aber Elia sah: Gott ist nicht in diesem gefährlichen Feuer. Nach dem Feuer kam ein stilles sanftes Sausen.

Die Kinder intonieren ein „stilles sanftes Sausen" indem sie summen.

Da spürte Elia: Jetzt ist Gott da. Er atmete tief und ruhig.

Die Kinder atmen tief und ruhig.

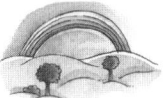

Elia verhüllte sein Antlitz mit seinem Mantel und ging vor die Höhle. Und Gott redete mit ihm.

Kurze Stille

Zum Abschluss wird der Text Abschnitt aus der Bibel vorgelesen.

M3 Fürbitte

Gott deine Stimme ist leise.
In der Stille sprichst du zu uns.
Wir rufen zu dir:

Alle singen Kyrie eleison (EG 178.9)

Gott, du hörst auch wenn wir ganz leise mit dir sprechen:
Am Abend im Bett.

Alle singen Kyrie eleison

Du hörst auch,
wenn wir uns nicht trauen, etwas laut zu sagen.
weil wir Angst haben, dass wir ausgelacht werden.
Du lachst niemanden aus.

Alle singen Kyrie eleison

Wir bitten dich, komm zu uns,
wie du zu Elia gekommen bist,
wenn wir nach dir rufen.

Alle singen Kyrie eleison

Geschichte: Gott segnet Jakob

Vorbemerkung

Die Jakobsgeschichte gehört zu den theologisch aufregendsten Geschichten der Bibel. Der Betrüger Jakob wird gesegnet. Der gestohlene, mit List und Täuschung erlangte Segen wird von Gott bestätigt. Eine unmoralische Geschichte? Eine, die man Kindern lieber nicht erzählen sollte? Ich meine nein. Diese Geschichte ist Evangelium pur, lange bevor Jesus die bedingungslose Zuwendung Gottes verkündet hat. Genau das ist im Fokus dieses Gottesdienstes. „Segnen" bedeutet ja nicht „gutheißen" oder „absegnen". Segnen bedeutet „mit heilvoller Kraft begaben".

Vorbereiten

► Großer Stein für Erzähler / Erzählerin
► Faustgroßer Stein für jedes Kind (können die Kinder selbst mitbringen. Wenn die Umgebung es zulässt, kann man auch am Vortag gemeinsam mit den Kindern sammeln gehen.)

Ablauf

	Inhalt	Material
1	Schlange	
2	Begrüßung; Hinweis auf die gesammelten (oder mitgebrachten) Steine	
3	Psalm 103 i. A. Leitvers: „Nun lob mein Seel den Herren, was in mir ist, den Namen sein." (EG 398, Vers 1 und 2; Vorsänger/in und alle)	M1
4	Verkündigung: Jakob schläft auf einem Stein und hat einen wunderbaren Traum (1 Mose 28,10–15)	M2
5	Fürbitten: „Segnender Gott, du hilfst …"	M3
6	Vaterunser	
7	Segen und Auszug	

M1 Aus Psalm 103

Leitvers

Lobe den HERRN, meine Seele,
und was in mir ist, seinen heiligen Namen!
Lobe den HERRN, meine Seele,
und vergiss nicht, was er dir Gutes getan hat:

Leitvers

Wie sich ein Vater über Kinder erbarmt,
so erbarmt sich der HERR über die, die ihn fürchten …
Lobe den HERRN, meine Seele!

Leitvers

M2 Verkündigung

Großen Stein zeigen

Ich erzähle euch heute die Geschichte von Jakob, der hat einmal kein Kopfkissen gehabt hat, sondern nur einen Stein, um seinen Kopf draufzulegen beim Schlafen. Und viele werden sagen: „Recht geschieht ihm!" Denn Jakob war ganz gemein zu seinem Bruder gewesen. Und ganz gemein zu seinem Vater. Er hat sie beide belogen und betrogen.

Und weil sein Bruder so böse auf ihn war, musste er dann ganz schnell von zu Hause weglaufen. Er konnte gar nichts einpacken, so schnell musste er vor seinem Bruder davonlaufen. Wer weiß, was sonst passiert wäre!

Jakob ist den ganz Tag gelaufen, bis er müde war und nicht mehr weiter konnte. Da hat er dann einen Platz zum Schlafen gesucht. Ein großer Stein war sein Kopfkissen und mit seinem Mantel hat er sich zugedeckt. Aber gelegen hat er auf der blanken Erde. Weil er so müde war, ist er dennoch gleich eingeschlafen. Und geträumt hat er, ganz wild geträumt!

Im Traum hat er eine Leiter gesehen, die hat bis zum Himmel gereicht. Und ganz oben stand Gott und hat zu Jakob heruntergeschaut. (Absichtlich wird

hier nicht von den Engeln erzählt, die auf- und absteigen). Gott sprach und sagte zu Jakob: „Ich kenne dich. Und ich weiß, was du getan hast. Trotzdem will ich dich segnen. Ich schenke dir Kraft für die kommende Zeit. Und eines Tages kommst du zurück nach Hause."

In der Früh ist Jakob aufgewacht. Er hat sich an seinen Traum erinnert Er nahm den Stein, der sein Kopfkissen gewesen ist, und sagte: „So fest und stark wie ein Stein, so fest ist Gottes Wort. Was er verspricht, das hält er auch." Und Jakob hat diesen Stein genommen – und noch viele andere, kleinere dazu – und hat einen Steinhaufen aufgebaut. Zur Erinnerung daran, dass Gott ihn gesegnet und ihm Hoffnung geschenkt hat, dass seine schlimme Geschichte am Ende doch noch gut ausgeht.

Der große Stein wird jetzt auf den Altar oder vor den Altar gelegt.

M3   Fürbitten

Alle Kinder helfen dem Jakob, den großen Steinhaufen zu machen und legen ihre Steine dazu. Bevor sie ihre Steine ablegen:

> Segnender Gott, dieser Stein ist ganz fest.
> Du bleibst fest bei uns.
> Auch wenn wir gestritten haben und traurig sind.

Die Steine werden abgelegt. Danach bleiben die Kinder einfach dort stehen, wo sie sind.

> Segnender Gott,
> du hilfst nicht nur denen, die alles richtig machen.
> Du hilfst auch denen, die etwas falsch machen.
> Wir danken dir und loben dich.

Alle singen: Halleluja-ha-ha EG 103 Halleluja Vers

> Wir bitten dich, dass alle, die immer
> streiten müssen, sich wieder vertragen.

Alle singen Halleluja-ha-ha

Geschichte: **Der barmherzige Samariter**

Vorbemerkung

Auch Kinder entwickeln gegenüber anderen sehr schnell Zuneigung und Abneigung. „Du bist mein Freund, dich lade ich zu meinem Geburtstag ein." „Du bist nicht meine Freundin, du darfst nicht mit mir in die Puppenecke." Solche Sätze gehören zum Alltag jeder Kindertagesstätte.

Jesus, der Schriftgelehrte, hat mit anderen Schriftgelehrten Streitgespräche in rabbinischer Tradition geführt. Das Gleichnis vom barmherzigen Samariter ist die Antwort auf eine provokante Frage in so einem Diskurs.

Man kann diese Geschichte mit Figuren aus der Welt der Kinder nacherzählen, nachspielen und die Kinder die Lösung, die Antwort finden lassen, so wie Jesus den Schriftgelehrten die Antwort finden ließ. Der Vorteil ist, dass hier das Thema „helfen" ohne Moralisieren anschaulich gemacht wird.

Vorbereiten

► Handpuppen, Puppen oder Stofftiere, die sich im Kindergarten finden, in folgender Konstellation: drei von der gleichen Sorte, eines von einer anderen Sorte, z. B. drei Teddybären, ein Hund. Oder auch umgekehrt. Die einzelne Figur übernimmt die Rolle des Fremden, im Fall des Gleichnisses des Samariters.

► Umhängetäschchen für die Figur, die unter die Räuber fällt. Oder ein kleiner Rucksack. Oder eine kleine Einkaufstüte.

► Ein Puppenbett oder eine Decke, ein Kissen oder Ähnliches, worauf der verunglückte Bär gebettet werden kann.

Die Geschichte wird auf der Ebene der Spielfiguren erzählt. Das heißt, dass Begriffe wie Priester, Jerusalem, Jericho, Samariter nicht vorkommen.

Die Kinder lernen im Vorfeld das Lied: „Du hast uns, Herr, gerufen", EG 168, Strophen 1 und 4.

Ablauf

	Inhalt	Material
1	Schlange	
2	Begrüßung; Lied: Du hast uns, Herr, gerufen (EG 168,1)	
3	Psalm 121 i. A. mit gesungenem Leitvers	M1
4	Verkündigung: Fritz Bär hat Glück!	M2
5	Fürbitten: „Lebendiger Gott, du weißt …"	M3
6	Vaterunser, Lied 168,4,	
7	Segen und Auszug	

M1   Aus Psalm 121

Leitvers *Text und Melodie: Christine Hubka*

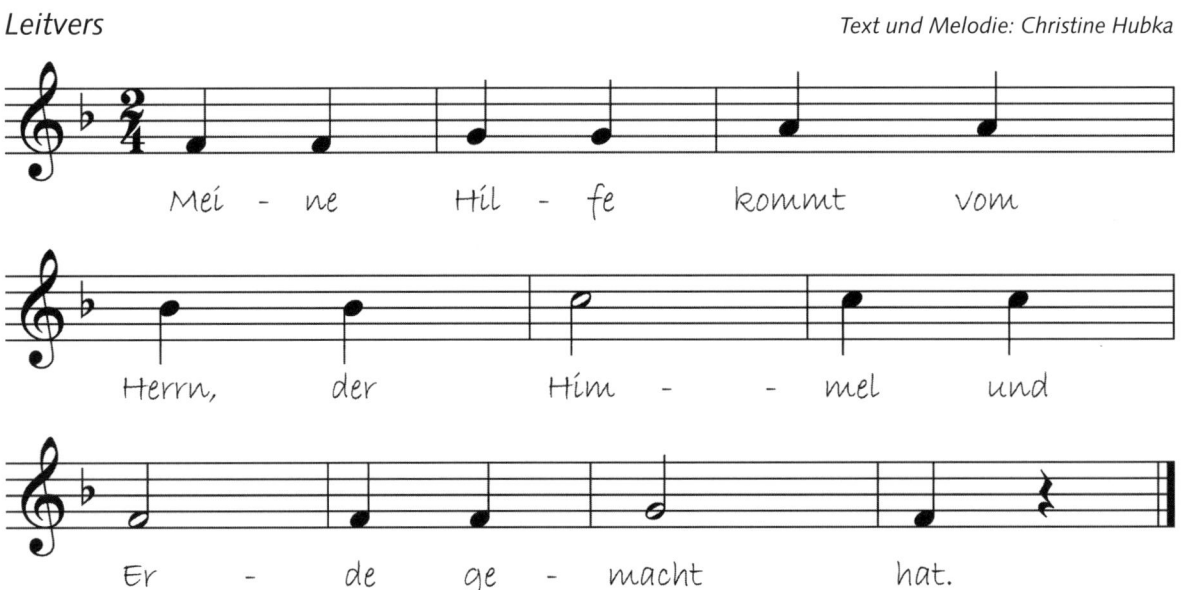

Mei - ne Hil - fe kommt vom Herrn, der Him - mel und Er - de ge - macht hat.

Ich hebe meine Augen auf zu den Bergen.

Woher kommt mir Hilfe?

Meine Hilfe kommt vom HERRN,

der Himmel und Erde gemacht hat.

Leitvers

Er wird deinen Fuß nicht gleiten lassen,

und der dich behütet, schläft nicht.

Siehe, der Hüter Israels

schläft und schlummert nicht.

Leitvers

> Der HERR behütet dich;
> der HERR ist dein Schatten über deiner rechten Hand,
> dass dich des Tages die Sonne nicht steche
> noch der Mond des Nachts.
> Der HERR behüte dich vor allem Übel,
> er behüte deine Seele.
>
> Der HERR behüte deinen Ausgang und Eingang
> von nun an bis in Ewigkeit!

Leitvers

M2   Verkündigung

Eines Tages ging Fritz Bär von zu Hause fort (oder welche Figur hier für den Überfallenen steht). Er wollte zu den Bienen gehen, für den Winter einen Vorrat Honig kaufen. Darum hatte er ziemlich viel Geld in seinem Geldbeutel.

Der Bär Fritz wird hochgehalten. Er hat ein Täschchen um den Hals hängen.

Er ging so vor sich hin und pfiff ein Lied.

Lied pfeifen. Die Kinder dürfen mitpfeifen.

Der Weg ging einmal hinunter. Dann wieder steil bergauf. Fritz Bär hörte auf zu pfeifen. Er musste ganz schön pusten, um die Steigung zu schaffen.

Die Kinder schnaufen und keuchen mit Fritz.

Der Weg führte durch den Wald. Hier war es angenehm kühl. Fritz blieb stehen und wischte sich den Schweiß von der Stirn.

Kinder wischen mit Fritz.

Im Wald war es dunkel. Fritz konnte nur langsam gehen, weil er kaum etwas sah.

Ab hier wird Fritz hinter dem Rücken gehalten.

Auf einmal krachte es im Gebüsch. Eine Horde Räuber kam angerannt. Sie warfen Fritz um und nahmen ihm seinen Geldbeutel weg. Und schon waren sie wieder fort.

Fritz wird ohne seinen Geldbeutel für die Kinder gut sichtbar auf den Boden gelegt.

„O weh, o weh", jammerte Fritz. „Ich habe mir den Fuß verletzt." Und dann: „Wie komm ich jetzt nach Hause? Und das Geld für den Winterhonig ist auch fort."

Die Kinder jammern mit Fritz: „Au, au … oweh, oweh … "

„Ich muss wohl warten, bis jemand vorbei kommt."

An dieser Stelle kann man gemeinsam mit den Kindern ganz leise sein und horchen, ob Schritte zu hören sind. Nach einer Weile des Lauschens macht der Erzähler, die Erzählerin mit den Füßen stampfende Geräusche.

Fritz freute sich: „Da kommt jemand. Der wird mir sicher helfen." Aber: Max Bär hatte es so eilig, dass er an Fritz vorüberlief, ohne ihn zu beachten.

Max Bär (oder eine andere Figur mit einem anderen Namen) wird ganz eilig von einer Seite zur anderen gezogen. Dann ist er auch schon wieder weg.

„Halt, halt", rief Fritz. „Bleib stehen, hilf mir doch!" Aber Max war schon viel zu weit weg. Fritz begann zu weinen. „Hilft mir denn keiner?", schluchzte er.

Kinder können mit Fritz „weinen".

Aber da kam ja schon wieder jemand. Bernhard Bär kam durch den Wald. Er sang ein fröhliches Lied und … ging an Fritz vorüber. Fritz dachte: „Wenn mir keiner hilft, dann muss ich für immer hier liegen bleiben." Aber da hörte er schon wieder Schritte. Voll Hoffnung schaute Fritz in die Richtung, aus der sie kamen. Enttäuscht ließ der den Kopf sinken. „Wenn mir die anderen Bären nicht helfen, wird mir ein Hund (oder was für eine Figur im Spiel ist) erst recht nicht helfen." Als der Hund näher kam, rief Fritz nicht einmal um Hilfe. „Das lohnt sich doch nicht", dachte er.

Der Hund blieb stehen. Er schnüffelte hier und dort. Dann lief er zu Fritz hin.

Der Hund wird zum am Boden liegenden Fritz dazu gestellt.

„Wau – wau", bellte er. „Was sagst du?", fragte Fritz. „Wau-wau", bellte der Hund wieder. „Wir sprechen nicht dieselbe Sprache", sagteFritz. „Aber schön, dass du da bist." Er zeigte auf sein verletztes Bein. Der Hund bellte noch einmal, dann sprang er davon. Wenig später kam er mit Hilfe zurück. Fritz wurde vom Boden aufgehoben. Sein schmerzendes Bein wurde geschient und dann wurde er nach Hause gebracht. Bellend lief der Hund nebenher.

Die Kinder bellen mit. Fritz wird in das vorbereitete Puppenbett gelegt.

Nun werden die Kinder gefragt, wer von den drei Figuren – Max Bär, Bernhard Bär oder Hund – das Richtige gemacht hat.

M3 Fürbitte

Lebendiger Gott,
du weißt, wenn wir Hilfe brauchen.
Wir bitten dich,
gib jedem, der Hilfe braucht,
einen Menschen, der zu ihm kommt.

Alle singen: Kyrie eleison (EG 178.9)

Wir bitten dich:
Lass uns erkennen,
wenn jemand unsere Hilfe braucht.

Alle singen: Kyrie eleison

Wir danken dir, dass wir immer jemanden haben,
der uns hilft …

(Gemeint ist die Situation in der Kindertagesstätte. Es können auch ganz konkrete Situationen und Menschen genannt werden, z.B. eine Ärztin, ein Arzt, eine kürzlich erlebte Notsituation, wo vielleicht sogar der Krankenwagen gekommen ist …)

Lied: Ins Wasser fällt ein Stein

Vorbemerkung

Stoßen, drängen, schlagen – schon die Allerjüngsten greifen zu Gewalt, wenn es um sie und ihre Bedürfnisse geht.

Einen Gott, der mit Blitz und Donner dreinschlägt, wünschen sich Erwachsene.

Ins Wasser fällt ein Stein, ganz heimlich still und leise … Gottes Wirken ist so zart, so sanft, so heimlich still und leise, dass man schon sehr bewusst danach ausschauen muss, um es zu entdecken.

In diesem Gottesdienst wird den Kindern der zärtliche, behutsame Gott vorgestellt, ein Gottesbild, das von Gott als der tröstenden Mutter spricht.

Vorbereiten

► Flache Schüssel mit möglichst großem Durchmesser, angefüllt mit Wasser. Kleiner Kieselstein (Sollte so klein sein, dass kaum ein Abstand zu erkennen ist, wenn man ihn zwischen zwei Finger einklemmt.)

► Wer möchte, kann auch noch einen Satz Dominosteine so auf dem Altar aufbauen, dass die Steine bei leichter Berührung in geordneter Reihe umfallen.

Die Kinder lernen im Vorfeld das Lied „Ins Wasser fällt ein Stein". Es genügt die erste Strophe. Wenn alle Strophen gelernt werden, werden dann auch alle gesungen.

Ablauf

	Inhalt	Material
1	Schlange	
2	Begrüßung; Lied: „Ins Wasser fällt ein Stein", Strophe 1	
3	Psalm 62 i. A. Leitvers: „Meine Seele ist still zu Gott, der mir hilft." (Vorsängerln und alle)	M1
4	Verkündigung: Gott tröstet wie eine Mutter (Jes 66,12 f.)	M2
5	Fürbitten: „Lebendiger Gott, du bist …"	M3
6	Vaterunser	M4
7	irischer Segen (mit Bewegungen und Auszug)	

M1   Aus Psalm 62

Leitvers   *Text: Ps. 62,2; Melodie: Christine Hubka*

Mei - ne See - le ist still zu Gott, der mir hilft.

    Meine Seele ist stille

    zu Gott, der mir hilft.

    Denn er ist mein Fels, meine Hilfe, mein Schutz,

    dass ich gewiss nicht fallen werde …

Leitvers

    Bei Gott ist mein Heil und meine Ehre,

    der Fels meiner Stärke,

    meine Zuversicht ist bei Gott.

    Hoffet auf ihn allezeit, liebe Leute,

    schüttet euer Herz vor ihm aus …

    Verlasst euch nicht auf Gewalt.

Leitvers

M2   Verkündigung

Stell dir vor, du bist hingefallen. Deine Hose hat ein Loch. Dein Knie blutet. Es tut weh. Du weinst. Was macht die Mama, damit es wieder besser wird?

Die Kinder erzählen von ihren Erfahrungen.

Gott sagt: Ich will euch trösten, wie einen seine Mutter tröstet.

Manchmal tut uns nicht das Knie weh oder der Kopf, weil wir uns gestoßen haben. Manchmal sind wir einfach traurig. Vielleicht hast du dein Lieblingsspielzeug verloren. Da hilft kein Pflaster. Was macht die Mama dann?

Die Kinder erzählen.

Gott sagt: Ich will euch trösten, wie einen seine Mutter tröstet.

Stellt euch vor, die Mirjam (Achtung: einen Namen verwenden, der in der Gruppe nicht vorkommt!) weint im Kindergarten, weil sie sich nach der Mama sehnt. Was wird ihr mehr helfen? Wenn alle fest in die Hände klatschen?

Alle klatschen

Oder wenn sie jemand ganz leise streichelt.

Alle streicheln mit der einen Hand ihre andere Hand. Die Kinder nehmen Stellung.

Gott sagt: Ich will euch trösten, wie einen seine Mutter tröstet.

Wer tröstet, macht das still und leise. Wenn Gott tröstet, sieht man das nur daran, dass es danach wieder besser geht. Wie Gott das macht, kann man gar nicht sehen. Das ist wie ein ganz kleiner Stein, der ins Wasser fällt. Das Wasser wird davon bewegt, obwohl man den Stein kaum sehen kann.

Der kleine Stein wird gezeigt. In die Schüssel mit Wasser geworfen. Alle singen: Ins Wasser fällt ein Stein, Str. 1

Hört, was in unserer großen Bibel steht: „So spricht der HERR: Siehe, ich breite aus bei dir den Frieden wie einen Strom … Deine Kinder sollen auf dem Arme getragen werden, und auf den Knien wird man sie liebkosen. Ich will euch trösten, wie einen seine Mutter tröstet." (Jes 66,12–13 i. A.)

Alle singen: Ins Wasser fällt ein Stein, Str. 1

M3 Fürbitten

Lebendiger Gott, die bist wie eine Mutter.
Du tröstest, wie eine Mutter. Wir bitten dich:
Sei ganz nahe, wenn Kinder weinen.
Gib jedem Kind einen Menschen, der es in die Arme nimmt,
wenn es traurig ist.

Kyrie eleison (EG 178.9)

Gott, manchmal ist auch die Mama traurig.
Manchmal ist auch der Papa traurig. Und die Oma. Und der Opa.
Komm dann zu ihnen und tröste sie.

Kyrie eleison

Tröstender Gott, wir danken dir, dass das Traurigsein
immer wieder aufhört und wir wieder lachen können.
Und wenn wir uns freuen und lachen, da freu dich mit uns mit.

Kyrie eleison

M4 Irischer Segen

Gott sei vor dir, um dir den Weg zu zeigen.

Arme mit den Handflächen oben nach vorne ausstrecken

Gott sei hinter dir, um dir den Rücken zu stärken.

Arme mit den Handflächen nach oben nach hinten strecken

Gott sei neben dir, wie eine gute Freundin
und ein guter Freund an deiner Seite.

Arme auf die Seite strecken in Schulterhöhe

Gott sei um dich wie ein wärmendes Tuch

Arme um den eigenen Körper schlingen

So sei der lebendige Gott uns nahe: Vater, Sohn und Heiliger Geist.

Einschulung: **Der Stein der Weisen**

Vorbemerkung

Der Schuleintritt ist ein wichtiger Einschnitt, nicht nur im Leben des Kindes, sondern im Leben der ganzen Familie. Sehr bewusst nehmen die meisten Kinder diesen Einschnitt wahr: „Jetzt bin ich endlich ein Schulkind." Die Institution Schule beeinflusst von nun an den Lebensrhythmus der ganzen Familie: Der Tagesablauf, die Urlaubszeit werden von der Schule vorgegeben. Dazu kommen die Leistungsanforderungen an das Kind. Die Forderungen an die Eltern, den Lernprozess zu fördern und zu begleiten. Manchmal erhöhen noch Konkurrenzverhalten innerhalb der Kindergruppe oder zwischen den Eltern („Mein Kind hat die besseren Noten") den Druck. Für diese Haltung steht das Bild des „steinernen Herzens" (Ez 36,26). Dem wirkt das Bild vom Stein, den die Bauleute verworfen haben (Ps 118), entgegen.

Der Gottesdienst zur Einschulung richtet sich an Kinder und Eltern.

Vorbereiten

- ▶ Großen, eckigen Baustein aus der Bauecke des Kindergartens
- ▶ Kleine Kunststoffsteinchen, die glitzern
- ▶ Für alle Kinder, die noch nicht in die Schule kommen, wird eine Kerze mit Tropfschutz vorbereitet
- ▶ Tamburin oder Ähnliches

Das Taufbecken in der Kirche wird mit Wasser gefüllt. Die Glitzersteine werden – bis auf einen – dort versenkt.

Ablauf

	Inhalt	Material
1	Schlange	
2	Begrüßung	
3	Psalm 118 i. A. Leitvers: „Großer Gott, wir loben dich, Herr, wir preisen deine Stärke. Vor dir neigt die Erde sich und bewundert deine Werke" (EG 331,1)	M1
4	Verkündigung: Ein besonderer Stein (Ez 36,26); danach der Leitvers	M2
5	Fürbitten: „Lebendiger Gott, du hast…"; mit anschließendem Einzelsegen für die Schulkinder	M3
6	Vaterunser	
7	Segen und Auszug	

M1   Aus Psalm 118

Leitvers

> Danket dem HERRN; denn er ist freundlich,
> und seine Güte währet ewiglich.
> Man stößt mich, dass ich fallen soll;
> aber der HERR hilft mir.
> Ich werde nicht sterben, sondern leben
> und des HERRN Werke verkündigen.
> Der Stein, den die Bauleute verworfen haben,
> ist zum Eckstein geworden.

Leitvers

M2   Verkündigung

Gott spricht: Ich will euch ein neues Herz und einen neuen Geist in euch geben und will das steinerne Herz aus eurem Fleische wegnehmen und euch ein fleischernes Herz geben. (Hesekiel 36,26)

Kinder auf ihr pochendes Herz aufmerksam machen. Hand aufs Herz legen, seinen Schlag spüren. Möglich ist auch, Zeige- und Mittelfinger an die Halsschlagader zu legen.

Von einem Herzen, das so hart ist wie ein Stein, war die Rede. Ist dein Herz aus Stein? Nein, sonst könnte es nicht so schön pochen:

Alle machen den Schlagrhythmus der Herzen nach: poch-poch-poch … dieser kann durch das sanfte schlagen eines Tamburins verstärkt werden.

Also ein richtiges Herz ist nicht aus Stein. Was könnte mit dem Herz aus Stein gemeint sein? Wenn ich mir vorstelle, wie Herzen aus Stein aussehen, dann meine ich, sie haben die Form von so einem Baustein.

Baustein zeigen

Zu diesen eckigen Herzen passen für mich folgende Sätze. Ich habe sie in den letzten Tagen hier in der Kita gehört …

Ich will Erste sein.
Ich will gewinnen.
Ich bin schneller.
Ich krieg das größte Stück.
Ich kann es am besten.

Und ich habe auch passende Sätze von Eltern im Ohr:

Wenn du es schaffst, schenk ich dir ….
Wenn du es nicht schaffst, dann darfst du nicht…
Da musst du durch…

Und dann ist da dieser andere Stein.

Glitzerstein zeigen

Zu dem passen meiner Meinung nach solche Sätze:

Ich habe Angst.
Ich kann nicht mehr.
Ich bin traurig.
Ich bin enttäuscht.
Ich bin verletzt.

Der passt nicht zu den eckigen Steinen. Deswegen wird er weggeworfen.

Glitzerstein in das Taufbecken werfen

In der Bibel steht geschrieben: Ausgerechnet dieser Stein, den die Bauleute wegwerfen, ist der, der trägt. Er ist der wichtige Stein. Er ist der besondere Stein. Er ist der schöne Stein. Er ist der Stein der Weisen. Wo ist dieser Stein der Weisen zu finden?

Eine fingierte Suche wird von den Kindern mit „kalt"- und „warm"-Rufen begleitet. Sie wissen ja, dass der Stein ins Taufbecken gefallen ist. Schließlich wird er „gefunden".

Im Wasser liegt er! Als du getauft wurdest, hast du gesagt bekommen: Gott bist du recht, auch wenn …

du nicht Erster bist
du etwas nicht schaffst
du den Mut verlierst, weil du traurig und müde bist
du Angst hast.

Deine Taufe bedeutet auch: Wenn das passiert, dann wird Gott dich so lange tragen, bis du wieder selbst weiter kannst.

Alle stellen sich im Kreis um den Taufstein. Die Kinder, die noch nicht in die Schule kommen, haben Kerzen in den Händen. Diese werden nun angezündet.

Jedes Kind, das morgen mit der Schule beginnt, kann sich jetzt so einen Stein der Weisen aus dem Taufbecken fischen.

Alle singen den Leitvers

M3 Fürbitte

Lebendiger Gott,

du hast mich wachsen und groß werden lassen.

Ich habe so viel gelernt, seit ich ein Baby war:

laufen, reden, singen.

Ich kann so vieles schon selbst machen:

Ich kann mich selber anziehen. Ich kann mit Schere und Messer umgehen.

Ich kann zeichnen, ich kann schon ganz weit zählen.

Danke, dass ich so viel kann.

Alle singen: EG 103 Halleluja-ha-ha (Refrain)

Lebendiger Gott,

wir bitten dich für die Kinder, die in die Schule kommen:

Lass sie dort neue Freunde und Freundinnen finden.

Lass sie Freude haben an allem, was sie dort lernen.

Gib ihnen Geduld, wenn etwas nicht gleich gelingt.

Alle singen EG 103 Halleluja-ha-ha

Nun können die Kinder, die in die Schule kommen, einzeln gesegnet werden.

Pyjama-Gottesdienst: Weißt du, wie viel Sternlein stehen?

Vorbemerkung

Im Kindergarten der Evangelischen Pauluskirche in Wien dürfen die Vorschulkinder im Frühjahr ihres letzten Kindergartenjahres im Kindergarten übernachten. Sie kommen Freitag, am späten Nachmittag mit Schlafsack oder Decke, ihrem Kuscheltier, der Zahnbürste und dem Pyjama in den Kindergarten. Dann wird gemeinsam gespielt und gesungen, zu Abend gegessen. Zuletzt gibt es eine Gute-Nacht-Geschichte. Dann gehen alle schlafen. Am Samstag in der Früh gibt es noch ein gemeinsames Frühstück, bevor die Kinder abgeholt werden.

Dieser Gottesdienst kann als Gute-Nacht-Gottesdienst vor dem Schlafengehen gefeiert werden. Die Eltern können noch dabei sein. Die abendliche Stimmung in der Kirche ist anders als die Stimmung, die die Kinder von den vormittäglichen Gottesdiensten kennen. Der Raum sollte nicht so sehr mit elektrischem Licht, sondern eher mit Kerzen erleuchtet sein. Kinder lieben es, wenn man mit ihnen vor dem Einschlafen den Tag noch einmal durchgeht. Zum Abschluss dieses Tagesrückblicks wird der Tag Gott in die Hände gelegt.

Vorbereiten

Die Kinder lernen im Vorfeld das Lied „Weißt du, wie viel Sternlein stehen?" EG 511. Die Kinder kommen im Pyjama in die Kirche. Falls es zu kühl sein sollte, wird der Pyjama oder das Nachthemd über die Straßenkleidung gezogen. Sie bringen Kissen und Bettdecken (Schlafsack und Isomatte) mit.

Ablauf

	Inhalt	Material
1	Schlange; Orgel spielt: Weißt du, wie viel Sternlein stehen	
2	Begrüßung; auf die veränderte Stimmung hinweisen, Kerzen anzünden	
3	Psalm 4 i. A. Leitvers: „Weißt du, wie viel Sternlein stehen an dem blauen Himmelszelt?" (EG 511)	M1
4	Verkündigung: Mitmachgeschichte	M2
5	Fürbitten: „Behütender Gott, wenn wir schlafen …"	M3
6	Vaterunser und Segen	
7	Auszug	

M1   Aus Psalm 4

Leitvers

Erhöre mich, wenn ich rufe,

Gott meiner Gerechtigkeit.

Der du mich tröstest in Angst.

Sei mir gnädig und erhöre mich.

Leitvers

Ich liege und schlafe ganz mit Frieden,

denn allein du, Herr, lässt mich sicher wohnen.

Leitvers

M2 Verkündigung

Ein langer Tag war das heute schon. Schauen wir noch einmal zurück: In der Früh bist du aufgestanden.

Kinder stehen auf.

Du hast dich angezogen.

Kinder mimen „anziehen".

Du hast gefrühstückt und dir die Zähen geputzt.

Kinder mimen „Zähne putzen".

Dann bist du in den Kindergarten gegangen.

Kinder mimen „gehen".

Wer hat dich heute her gebracht?

Kinder rufen durcheinander, wer das war.

Mit einem Küsschen hast du dich verabschiedet.

Kinder machen Kusshand und winken.

Wo bist du zuerst hingegangen: in die Bauecke? In die Puppenecke? Hast du zuerst etwas gemalt? Was hast du gemacht?

Kinder erzählen.

Dann hast du Hunger gehabt. Zum Glück gab es einen Imbiss.

Den hast du ausgepackt. (oder der Tisch wurde gedeckt, wenn die Jause von der Tagesstätte gestellt wird).

Danke Gott, dass jedes Kind bei uns einen Imbiss haben kann. Und auch ein Mittagessen.

So wird der Tagesablauf weiter erzählt, je nachdem, wie der Tagesablauf in der Tagesstätte vor sich geht.

Hast du heute weinen müssen?

Kinder erzählen …

Gott, du hast die Tränen gesehen …

Zuletzt: Jetzt sind wir hier, bald wirst du dich schlafen legen.

Kinder legen sich auf die Kissen.

Gott, wir legen diesen Tag zurück in deine Hände. Morgen wirst du uns einen neuen Tag schenken.

Du machst die Augen zu und schläfst ein.

Kinder schließen die Augen.

Du kannst ganz ruhig schlafen. Unser Gott im Himmel bleibt wach und passt auf dich auf.

Nun singen die Kinder im Liegen die erste Strophe. Zur zweiten Strophe sitzen sie. Zur dritten Strophe stehen sie auf.

M3 Fürbitten

Behütender Gott,
wenn wir schlafen, wachst du.
Du lässt in der Nacht den Mond leuchten und die Sterne,
damit es nicht ganz dunkel ist.
Danke, dass wir uns nicht fürchten müssen.

Wir bitten dich:
Lass heute Nacht auch Mama und Papa,
die Oma und den Opa, unsere Nachbarinnen und Nachbarn
gut schlafen. Und lass uns morgen fröhlich erwachen.